新潮文庫

働くことがイヤな人のための本

中島義道著

はじめに

あとわずかの命

それは今夜かもしれず、明日かもしれず、明後日かもしれず、一週間後かもしれず、一年後かもしれず、一〇年後かもしれず、運のいい人は五〇年後かもしれない。しかし、あなたは確実に死んでしまう。あなたはこの地上ばかりか、この宇宙の果てまで探してもいなくなる。そして生を受けたこのチャンスはたぶんただ一度かぎり。もう二度とあなたが生きることはない。

こうした残酷な状況の中で、ではあなたは何をすべきなのだろうか？　生きるかぎり、働かなければならないとすると、どのような仕事をすべきなのだろうか？

というわけで、仕事についてこれから語ろうとする私がメッセージを送りたい相手は、失業中の身であって、どうしたら仕事にありつけるかという人ではない。そういう人はこんな本を読んでいる暇があったら、職業安定所にでも行って相談するほうがよろしい。易者にみてもらうほうが、まだましかもしれない。

本書の読者として私が想定しているのは、次のような人々である。彼らとの（架空の）対話によって本書は成立している。

（A）法学部の学生（男）だが、留年を繰り返しているうちに、二五歳を過ぎてしまった。格別勉強してこなかったし、法学に特別興味もないので大学院に進んでもしかたない。司法試験や公務員試験は受かりそうもないので、はじめからあきらめている。といって、いわゆるサラリーマンにはなりたくない。あらゆる人間関係が煩《わずら》わしく、会社という組織にがんじがらめになって生きるのが恐怖なのだ。会社員の半奴隷《どれい》のような薄汚い生態が厭《いや》でたまらない。だから、なるべく就職を先送りにしたい。誰ともかかわらずひっそり暮らしたい。できれば一生寝て過ごしたい。そういう自分の希望にふさわしい場がないかどうか、ときどき頭が変になりそうなほど、来る日も来る日も考えているが、答えは見つからない。

（B）ほかの女性のように、なんの疑問もなく結婚し子供をもつという道を歩むことができない。だから、会社に入ってみたが仕事にどうしても興味を抱けず、鬱々《うつうつ》とした毎日である。という間に、いつしか三〇歳をこえてしまった。自分は何をしたいのか？　そうだ、自己表現をしたいのだ。同人雑誌の仲間を見つけ最近小説を書きはじめ、それなりに充実しているが、このままやっていけるのか、将来の展望はまったくない。だが、ほかの道は考えられない。どうしたらいいのだろう？

(C)いままで、金のため妻子のため、それに社会から落後することが恐ろしいために、気乗りのしない仕事を続けていた。それになんの生きがいも喜びも感じないままに、ずるずる続けてきた。すでに人生半ばを過ぎ（四〇歳をこえ）、これからもこの仕事をだらだら続けていっていいものだろうか？　あと二〇年このつまらない仕事にしがみついて、さらに精気のない老後を迎えるのだろうか？　考えれば考えるほど、いらいらはつのり「どうにかしなければならない」と思うのだが、何をどうしていいのかわからない。いままで真の意味でみずから決断したことがないので（ただみんなのする通りにしてきただけなので）、ことここに至ってさえ、自分のほんとうの望みがわからないのだ。そういう自分の情けなさに泣きたくなるほどだ。

(D)少し前まで、自分の人生はまちがっていないと確信していた。まじめ一本で働きつづけ、親から受け継いだ小さな会社を守り通した。黙って私についてきてくれた妻には感謝以外の何ものもないし、二人の子供も結婚し、孫も授かり、はじめその気のなかった長男も私の後を継いでくれるという。もう自分ほどの幸福者はいないと思っていた。

　だが、先日久しぶりに人間ドックに入ったところ突如、癌《がん》と宣告され、一週間後誤診であることが判明した。抱き合って喜ぶ家族たちを、私は別世界の光景のようにぼんやり見ていた。癌だと告知されたときから誤診とわかったそのときまでの一週間、私はとことん考えた。俺の人生って、いったい何だったのだろう、と。私は学生時代、哲学にかぶれていた。三〇年前、私は生きる意味について考え、何もかもわからなくなった後に、ふっと「真理の探究」にこそ生きる唯一《ゆいいつ》の意味があると考え、哲学をしようと思った。だが、親の大反対にあってそれをあきらめたのだ。親は「哲学をしたら死んでやる」とまで言った。私は哲学の大学院への道をあきらめ、親の経営する小さな会社に入った。

　しばらくは、納得できない気持ちが残った。だが、「これでいいんだ」と自分に言い聞かせながら、一〇年経《た》ち二〇年経つうちに、哲学への情熱は忘れ去ってしまった。いまは日に何回も自分に「これでいいのか」と問い返している。そして、冷や汗とともに「よくない」と答えている。会社は健在である。家族も健在である。しかし、それは真の意味で「自分のもの」ではない。「自分のもの」は何も残っていない。このまま死んでしまうとしたら、なんと虚《むな》しいことか？　まさに、そう三〇年前の自分は内心激しく叫んで哲学をしようとしたのではないか？　青春ははるかかなたに去ってしまった。もう自分に残された時間はあまりない。これからどう生きていけばいいのか？　このまま、自分の人生は失敗だったとみずからを裁いて死ぬしかないのか？

ここに登場してくる四人は、仕事に生きがいを見いだせない二十代、三十代、四十代、五十代の代表者である。私はいままでこういう人に多く会ってきたが、じつは彼らは何よりも私自身の分身なのだ。私はたまたま三七歳にしてはじめて定職を得たが、それはほんとうに偶然的なことであり、いまだに自分にとって仕事とはからだにしっくりこない着物を着せられているようなもの、たいそう着心地が悪い。彼らの呟《つぶや》きは私の呟きであり、とはいえ多少境遇の異なった仮想的私の呟きである。だから、以下の彼らとの談話は一種のモノローグのようなものであり、こうしたモノローグを通じて、私は私の分身にきわめて近い人々にメッセージを送りたいだけである。

ということは、本書は私と異なった感受性をもつ膨大な数の人には何も訴えることがないのかもしれない。それでいいのだ。そうした一人であるあなたは、この本を読む必要はない。
さようなら。またいつか、どこかでお会いしましょう。

目次

働くことがイヤな人のための本

1 一生寝ているわけにはいかない

A君、Bさん、Cさん、Dさん、きょうは来てくれてありがとう。あなた方の境遇はお手紙からだいたいわかった。それぞれ、とても真摯《しんし》な呟《つぶや》きであるし、私自身の人生に重ね合わせて骨身に染《し》みてよくわかった。だが、いかに真摯な呟きでも自分の中に閉じこもってしまうと、それはぐるぐる同じところを回るだけで、いっこうに進捗《しんちょく》しない。病的な自己確信、病的な他人嫌悪《けんお》、病的な世間恐怖……という具合に進んでゆき、もともと清潔で美しくさえあった悩みはいつしかどす黒く醜い炎に変身してゆき、自分をも他人をも焦《こ》がしてゆくのだ。

だから、そうした事態にならないためにも、みずからの言葉を批判可能な場に晒《さら》すこと、つまりそれを他者とのコミュニケーションを通じて鍛えてゆくことがぜひとも必要なのだ。からだを隠したコミュニケーション（例えば電子メール）ではなく、からだを晒したコミュニケーションの場を設けることにしたわけなのだ。

私はあなた方に特別なことは何も期待していない。ただきれいごとではない自分の「からだの言葉」で語ってもらえばそれでいいと思っている。毎週一度集まって全部で七回だから、約二カ月ということになる。

それでは始めようか。

四人の悩みは、みな仕事に関するものであると言っていいだろう。「なぜ仕事をしなければならないのか」という問いは、答えるのがたいそう困難な問いだ。この問いに抽象的な答えを羅列しても、なんの実りある展望も開けてこないだろう。あくまでも、具体的な状況をよく見据えて出発しなければならない。

例えば、大学受験生のS君は毎日呟いている。自分にやりたいことは何もない。このアホ勉強なんか蹴飛《けと》ばしてしまいたい。だが、ここを通過しなければ、自分はこの国では知的人種として認めてもらえないのだ。自分は、そこにバカがうんざりするほどいると知っていながらも、知的社会に迎えられたい。知的エリートとして扱われたい。知的人間として尊敬されたい。それにはT大に受かることがいちばんだ。だが、その後の長い人生どうやって生きていったらよいのだろう？　それからの人生も戦いに明け暮れるのか？　そして、いつも勝つとは限らないのだ。限りない屈辱を、敗北感を味わうことだろう。そして、結局死ぬんだ。虚《むな》しいなあ。といって、ただ楽に生きるだけがすばらしい人生でもないだろう。

会社員のKさんはいつも呟いている。自分がいなくてもいっこうに構わないとわかっているのに、いや自分がいないほうがいいとわかっているのに、この会社を辞めるわけにはいかない。といって、いまさら大学院に入るほどの学力も気力もなく、もちろん芸術家として生きてゆくだけの特別の才能もない。つまり、いまの生活が虚しくてたまらないのに、といって特別に何もしたくない。こうしてだらだら生きていって、死んでしまうのか？　それは恐ろしいことだ。俺はいったい何のために生まれてきたんだろう？

主婦のUさんは夫と子供たちが家を出たあとで、毎日頬杖《ほおづえ》をついて考えている。別段、夫にも子供たちにも不満があるわけではない。だが、このまま夫と子供たちだけを生きがいに、必死に世間体を繕《つくろ》いながら年取ってゆき、そして死んでしまうのだとしたら、あまりにも虚しい。なんと、つまらない人生なのだろう？

私の考えでは、日夜膨大な数の人がこうして呟いている。いや、これまで何億の人が、こう呟いてきたのだと思う。

しかも、その大多数の者が、この呟きを真剣に受けとめず、大学に合格したとたんに、転職が成功したとたんに、孫が無事誕生したとたんに、「ああ、これでいいのだ」という欺瞞《ぎまん》的な態度に逆戻りしてしまう。真剣に悩んでいたことをふっと忘れるふりをしてしまい、そのまま自分をごまかして死に向かって駆け抜けるのだ。

だから、あなた方のように、人生において何らかの壁にぶちあたり、呟きつづけていることは、とても貴重なことなんだよ。そのぐちゃぐちゃした感じをけっして忘れてはならない。あなた方のまわりには、鈍感で善良な市民たちがうようよ生息していて、「治してあげよう」「もっと幸せにしてあげよう」と手ぐすね引いて待っている。「もっと前向きに」とか「もっと明るいことを見て」という腐りに腐った言葉をあなた方に投げつけて、あなた方を「救おう」としている。

その手に乗ってはならない。あなた方の悩みはとても健全な悩みなのだから、それを大切にしなければならない。あなた方は悩みつづけなければならず、そこからごまかしのない固有の手応《てごた》えをつかまねばならない。それには辛抱強く自分の声を聞く訓練をしなければならず、それには世の中で通用している価値を徹底的に批判的に見る訓練をしなければならない。そこからいったん脱して、何が自分にとって重要なことかとことん見る訓練をしなければならない。

私の実感なのだが、あなた方の呟きそしていま私が挙げた人々の呟きは、多様なように見えて、その内実は恐ろしく似ている。自分がたまたま生まれてきて、そしてまもなく死んでしまう意味を知りたいのだ。これほどの不条理の中にも、生きる一条の意味を探り当てたいのだ。充実して生きる道を探しているのだ。それが、何にも増していちばん重要なことなのだ。

それは自分の（広い意味における）仕事を探していることにほかならない。こうしたことを確認したうえで、A君がいま陥りつつある境遇、つまり「引きこもり」という現象を突破口にして、このことを考えてみることにしよう。

それでいいね、A君？

A　ええ、構いません。

近年、不登校やその延長形態としての社会的引きこもりが急増しているが、今やどうにか社会の一角に食い込んでいる私も、かつては不登校学生であり社会的引きこもり青年であった。同類が増えてたいそう心強く、私の本心なのだが、もっともっと引きこもりが増大してほしいと思う。なぜなら、彼らのうちで少なくとも真剣に考えている者は、人生における本質的なものを見ているように思えるからだ。そういう青年は、生きることの虚しさを感じているにちがいない。どうせどんなに真剣に生きても、数十年後には死んでしまうんだ。どんなに努力しても、能力の差はあるんだ。どんなにがんばっても、人生とは偶然が左右するのだ。こうした叫び声ががんがん耳に響いてくるにちがいない。だが、こうした恐ろしいほどの真理をどんなに語っても、誰も相手にしてくれない。

こう語る人に向かって、世の中の鈍感で善良な、つまり嘘《うそ》で固めた欺瞞的人生を送っている奴《やつ》らは「そんなこと考えてもしかたないや」「とにかく努力してみろよ。いつか報われるときがあるから」「おまえ、負け犬でいいのか」「人生どうなるかわかったもんじゃない。塞翁《さいおう》が馬だよ」とかとかの何も真剣に考えていない、世間で垢《あか》まみれになった小汚い言葉を投げつける。おまけに善良な市民特有の「優しい」軽蔑《けいべつ》的視線を投げつける。

こうした手にかかって、多くの者は自分が変だと思い込む。そして、彼らの助言にそって生きようとするのだ。それで世の中が渡れる輩《やから》は、それだけの問題意識しかなかったのだから、それでいいとしよう。しかし、うまく自分をだましても、さきほどの「どうせ死んでしまうんだ」「どうせ、世の中は不平等なんだ」という声がどうしてもまた聞こえてくる者、そして膝《ひざ》を屈し転倒してしまう者、彼らの呟きは本物だ。

彼らは、その声を振り捨てるのではなく、むしろその声にそって生きていくことしか生きる道はない。きょう来ていただいたあなた方は、私にはみんなそんな人々に見えるんだが……。

とはいえ、「だからいつまでも引きこもっていろ」と言いたいわけではない。「自殺してもも、犯罪に走っても、閉じこもりミイラのように衰弱して老いていっても、しかたない」と言いたいわけではない。そうした問いをからだの中にもっていることは、かけがえのない宝だと確信して、やはりその宝が真価を発揮するように生きることを考えるべきだと思うのだ。

ある人々にとっては、人生のある時期に数カ月あるいは数年引きこもることは、必要なことかもしれない。しかし、それに馴《な》れてくると、私自身よく知っているのだが、ずるさが黴《かび》のようにびっしり生い繁《しげ》ってくる。楽に生きる方法ばかり、自分が傷つかないで生きる方法ばかり、あわよくばうまく生きる方法ばかり考えるようになる。

精神は堕落する。はじめは真剣であった問いも、その鮮度が薄れ、ただの言葉だけとなる。「だって、死んじまうんだよ」とか「才能の違いはどうしようもないんだ」という言葉を伝家の宝刀のように振り回して、安心することになる。

これは、親鸞《しんらん》が最も警戒したことである。当時「善人なほもて往生をとぐ。いはんや悪人をや」という「悪人正機説《あくにんしょうきせつ》」を誤解して、勝手気ままな悪行を重ねたあげく「俺は悪人だ、だから救われる」と奢《おご》り高ぶる輩が少なくなかった。それを『歎異抄《たんにしょう》』の作者は「本願ぼこり」と名づけた。それが何であるか、この場合「悪」とは具体的に何であるか、学者たちは細かく議論しているが、それはここではおいておこう。

仕事を拒否しつづけて、あげくのはてに「俺は悪人だ、だから救われる」という心情に近い思い込みに逃げる輩は少なくないのではないか。自分でも気がつかないうちに、はじめ新鮮だった感覚も麻痺《まひ》して、汗水たらして働いている世の善人たちを見下し、仕事でリストラにあって自殺する男たちを笑い飛ばし、そしてそういう「小ささ」を抜け出している自分のほうがえらいと居直ってしまうんだ。

こうした人々のからだからは、善人以上に猛烈な臭気が立ちのぼる。まわりの者は鼻をつまむしかないんだよ。善人を裁いたその目で自分を裁くことを忘れ、善人以上にものが見えなくなって、彼らは転落していく。怠惰と欺瞞という、彼らが最も嫌ったはずの悪徳に向かって、まっさかさまに転落していく。

引きこもりが長引くとおうおうにしてこうなるんだ。だから、やはりどうにかしなければならない、と私は思う。

Ａ　おっしゃること、なんとなくわかるんですが、**先生は、そういう人々に「どうにかしてあげられる」と思っているんですか？**

いや、たぶん直接は何もしてあげられないだろう。だが、そうであるとしても、せめてそのうちの数パーセントの人に、私の体験をまじえた話により自分の布団《ふとん》から、部屋から抜け出すためのヒントを与えたい、そのための勇気を、元気を与えたいと思っている。

私には自分の身に引き寄せて、一つの大前提がある。それは、現在不登校の者、引きこもっている者が、自分の現在の状態をよいと思っていないこと、どうにかしなければと模索していることである。

もしそうだとすると、さらに推測してみたい。

彼らはひと一倍まじめなので、つまり健全な社会的承認を求めているので、社会から外れて生きることを求めてはいない。アウトローになって荒野をうろつき回り、やがてくたびれ果てて息絶えればいいとは（心の底では）思っていない。彼らは「他人に認められたい」という欲求を捨てることはできない。いや、その欲求が過剰に強い人間である。しかし、だからこそ社会に出ることが恐ろしくてたまらない。その容赦のない評価に足がすくむのである。

彼らは、現代日本においては、人間の評価が仕事によって決まることを知っている。だから、そこに足を踏み入れたくないのだ。何ごとに対しても失敗したくないというわけではない。彼らは、自分のプライドが傷つくような失敗を自分に対してけっして許さないのだ。それは何か？　学生時代は学力であり、社会に出てからは仕事に変わる。

しかし、誰もが仕事において勝者になれるわけではない。学力において勝者であり続けてきた者こそ、社会に出ることが恐ろしい。そこは、学力だけがものを言う社会ではなく、見とどけられないほどの多様な要素が絡《から》みあって、かならずしも勝者であり続けることができない予感に恐怖を覚えるのだ。

そこで、プライドを維持するために、彼らは不戦敗という道を選ぶ。戦わないことにするのである。戦うと負けるかもしれないが、戦い自体を拒否してしまえば、致命傷は負わなくてすむ。

問題はここからである。戦いの拒否の仕方について、彼らはまた壮大な夢幻空間をひねり出すのだ。

一つ、すべての仕事はよくよく考えればくだらない。一つ、これまで仕事に適性のない天才たちが多数いたではないか。一つ、仕事の成功者はみんなずるい汚い奴ばかりだ。一つ、仕事にうつつを抜かす奴らは「人生とは何か」を真剣に考えないアホばかりなんだ。一つ、「人生とは何か」という問いに苦しめられている俺（私）は、この根源的問いを発せずにひたすら仕事に邁進《まいしん》している奴らより高級なんだ。一つ、なにやかや言っても、結局みんな死んでしまうんだ……。

と、不健康な夢幻空間を膨らますうちに、一条の光が差してくる。それは、哲学や文学あるいは宗教や芸術という名の仕事である。デカルトがすべてを疑い抜いた後疑っていることそれ自体は疑いえないことに気づいたように、仕事に関する悩み自体を仕事にするという道である。

こうした青年たちの多くは、誰にでもできる簡単な仕事によって単にカネを得れば満足するわけではないだろう。むしろ、仕事に多大なほどの期待をしている。負け犬にはなりたくない。あくまでも勝ちたいが、魑魅魍魎《ちみもうりよう》のうごめく社会のまっただ中に飛び込んで傷つきたくはない。身を挺《てい》して戦いたくはない。あくまでもその外側の安全地帯に留まり、しかも社会から抹殺されたくない。とすると、彼らは人生それ自体を対象とする仕事を模索することになる。哲学者とか作家とか芸術家とか……。

つまり、傲慢《ごうまん》至極《しごく》にも、社会を拒否しつづけながらその社会において承認され尊敬される道を選ぶんだ。社会を拒否する態度そのものによって社会から尊敬をかち得ようとするんだよ。

若いころの私はとりわけ、三島由紀夫、それに澁澤龍彥、寺山修司、白石かず子、四谷シモンといった彼の取り巻き連中の生き方が羨《うらや》ましくてたまらなかった。好き勝手なことをして、好き勝手なことを言って、しかも徹底的に世の中を軽蔑しつづけ、その世の中から「お布施《ふせ》」をがっぽり獲得し、しかも尊敬されて生きるお手本がそこにあると思ったね。

この歳《とし》になっては、まあそこそこ羨ましいだけだが。

Ａ　ちょっと驚きました。だいたい、その通りのことをぼくも考えているんですから。

いや、驚くことはないよ。こうした野望を抱いている若者は意外に多いのだから。漱石が考案した新人種である「高等遊民」もまた、表層風景は相当異なるが、似たような野望のもとにある。彼らは学歴も高く、親の財産も適当にあって、さしあたり仕事をしなくてもよい状況にある。そして、金を求めてあくせくしている志の低い輩をしんから軽蔑している。しかし、彼らは何もしないのではない。人生とは何かを懸命に考えつづけ、古今東西の古典を読みあさり、場合によっては絵ごころがあり、俳句をたしなみ、文人的教養を日々つちかっている。まあ、こんな要件を備えた人々は、当時の人口の〇・一パーセントにも満たない男たちだから、なんら社会問題にはならなかったけれど。

もう少し時代が下ると、超エリートの傲慢な苦悩という臭気はなくなる。そして、社会的無用者であることの自虐《じぎやく》的な快感が前面に出てくる。資本家や地主といった搾《さく》取者《しゆしや》に甘んずることもできず、といって労働者や小作人といった被搾取者になるのは恐ろしい。ただ、そうした現実社会の外部にいて、社会を嘲笑《ちようしよう》しその自分を嘲笑するしかない。例えば、佐藤春夫の『都会の憂鬱《ゆううつ》』（新潮文庫）は、こんな文章から始まっている。

近所の人たちはその家を見てへんに思った。そこには若い夫婦ものが二人いるきりで、犬が二疋《にひき》飼ってあった。妻君の方は毎日、朝のうちから出かけて行った。派手な服装はただの風俗ではなかった。その二十《はたち》ぐらいの妻君が出かけて行ったあとでは、その家は見たところ空家《あきや》のように感ぜられた。表の戸はいつも一枚だって完全には明けられていなかった。だがこの家は空家ではない――そのなかに彼が住んでいたのである。

(中略)彼は一日中殆《ほと》んど物言うことなしに、或《あ》る窓のそばへ妻が出がけに用意して行ってくれた置炬燵《おきごたつ》にもぐっていた。別だん何をしているのでもなかった。もとより毎日さまざまな事を考えはした。然《しか》しどれもこれもとりとめのあることではなかった。身に沁《し》みて物を感じようとするには、実際、弾力のある心でなければならない。しかも彼の心のなかにはその弾力というものはすこしも残っていない。彼のとるに足りないそれらのさまざまな考のなかで、何ものよりも最も力強く彼に迫って来るものというのは、実に、

「どうして、この家には日があたらないのだろう?」

と、そういう極くつまらない事実であった。彼のなかに生き生きとした何物もなくなってしまっているのは専《もっぱ》ら、日の当たらない家のなかに住んでいるという事に起因していたかのように彼には感じられるのであった。

三島が華やかなどんちゃん騒ぎによって世間に戦いを挑み、漱石が臭いほどのエリート意識によって世間に身を汚《けが》すのを恐れるのに対して、こちらはずいぶん弱々しく貧乏ったらしい。だが、世間を徹底的に軽蔑し、しかもその世間から尊敬されようと

いう大いなる野望には変わりはない。女優の妻に食わしてもらい炬燵にもぐっている
この青年は、それでも小説家になりたいんだから。
まあ、いい気なもんだという気持ち半分と、わからないこともないという気持ち半分だがね。この中にすでに濃厚に漂っているこうしている俺は、そんじょそこらの奴らより高級なのだという臭気は、誰だって嗅《か》ぐことができるだろう？

Ａ　でも、三島由紀夫も漱石も佐藤春夫も、そうした信条で生きていって、文学で大成したからいいですよね。そうでなくて、**生涯単なる背徳者、単なる高等遊民あるいは単なるヒモというだけで生きていけるんでしょうか？**

何も表現せずに、ただそういう生活を続けるのは難しいと思うよ。おびただしい人が芸術家に憧《あこが》れるのは、私の考えでは、好きなことができるということのほかに、まさに社会を軽蔑しながらその社会から尊敬されるという生き方を選べるからなんだ。社会に対する特権的な復讐《ふくしゅう》が許されているということだね。

だが、その許された生活を続けるには、復讐のために選んだ仕事において成功しなければならない。それは、文字通り背水の陣であるから、それに成功しないとき、も

うあとはないんだ。

そして、残酷なことに、成功しない場合がほとんどである。こうしてため息をつきつつ、社会に対する復讐の大計画を練っているうちに、その一条の光も輝きを失い、いつしか闇《やみ》に消えてしまうのだ。

すべてが取りあげられてしまった。悪魔と適度にかつ巧みに手を結んで、善良な世界を笑い飛ばしながら生きるという道も閉ざされた。もはや言訳は通用しない。誰でも知っているように、こうした領域こそ才能や偶然が支配する世界であり、勝ち負けがはっきりする世界であり、それを承知で大きな賭《か》けに身をゆだねたのだから。

ここでも生きる道は絶たれた。それでは、最後のもっと大きな賭けに出ることにしよう。いっそ寺にでも入ろうか？　修道院にでも籠《こ》もろうか？　真理を求める放浪の旅に出ようか？　しかし、勇気がない。決断できない。また失敗するのが怖い。では、死ぬしかないのか？　しかし、一つ踏ん切りがつかない……。

ここで終点だね。少なからぬ者が、この段階で安楽死を勧められれば、頷《うなず》くと思うよ。

Ａ　ええ。**ぼくも、こんなにダメな自分をかかえて生きるんなら、死んだほうがよっ**

ぽどマシだと何度思ったかわかりません。ただ、死ぬのは怖い。死ぬまでが怖い。

だから、何にも知らないで楽に死ねたら、それはいいなあと思いますよ。

ところが、きみは自殺しないで生きている。そして、毎日自己嫌悪《けんお》にさいなまれながらも、すっかり考え尽くしたことをまた考える。思考はぐるぐる回転して何を考えているのかわからなくなる。そして、結局くたびれはてて「いまはここで終えよう。次には、はじめから全部考えなおしてみよう」と思いながら、また布団をかぶって寝てしまう。暗闇の中で目を覚ます。またはじめから考えてみる。そして、同じ結論に達する。「どうにかしなければならない！」という叫び声と「どうにもならない！」という叫び声とが交錯する。A君、おおよそこんな具合じゃないのかね？

A　よくわかりますね。ぼくが陥っている状況はまさにその通りです。

いや、私自身がそうだったからさ。自分でも気づいていると思うが、考えても考えても、もう何も出てこないよ。大地震が起こったり、大暴動が勃発《ぼっぱつ》したら、きみはベッドから抜け出せるかもしれないがね。それも、私にはわかる。引きこもっているとき、しきりにそういうことが起こってほしいと願ったものだ。世の中が大混乱する。社会が壊滅する。ああ、やっと生きてゆける。そういう直観だ。

だが、残念ながら、なかなかそういうカタストロフィはうまく起こってくれないんだよ。とすると、自力で「出る」チャンスをつかまねばならない。引きこもっても生きてゆけるというぬるま湯状態を何らかのやり方で断ち切ること、たしかに風呂《ふろ》から出れば寒いのだけれど、いつまでも入っていると水風呂の中で死なねばならないことを、頭ではなくからだ全体で知ることが大切だ。

とはいえ、無理は禁物。無理な減量作戦の後に食べまくってかえって体重が増えてしまうように、社会の冷たい風をまともに受けて、たちまち布団に、ベッドに戻ってしまうからね。そして、ますます社会に出るのが怖くなってしまう。

「出る」チャンスをとらえる技術は一般的には言えない。私はずいぶん自分を飼い馴らす訓練に精を出したよ。例えば、私は当時、感覚日記というのをつけていた。外に出ることができたとき、どんなに小さなことでもいいから感動的なことや美しいことを書き留めておくのだ。いま読みなおしてみると、かなり感傷的で恥ずかしいけれど、当時としては、溺《おぼ》れそうな自分を救ってくれた救命日記だ。少し紹介してみようか。

○月○日　部屋のドアを開けると、廊下にさんさんと降り注ぐまぶしい日の光。そのまま海岸へ。江ノ電の中。まぶしい光が座席にちらちらする。波打ち際《ぎわ》で飛び跳ねる少年たちの細いシルエット。フランス人形のように可愛《かわい》らしい女の子と、若くたくましい父親。

○月○日　オリーブ色の肌をした美しい少女。誰もいないひっそりした花屋。木枯らしの吹きすさぶ青山通り。ビルの地平線にたなびく薄いサーモンピンクの雲。

○月○日　鎌倉の小町通りで。紫色の着物をまとった京人形のような婦人。夢二のなまめかしい版画。線路際のベランダで洗濯物を干す若い女の純白のエプロン。鉄道員の黄色いヘルメットの一点をきらめかせる強烈な光。

もうやめよう。自分でも恥ずかしくなってくる。文章も紋切り型だしね。でも、とにかく、まさに当時はワラをもつかむ気持ちだったんだ。

あるいは、どうしても外に出る勇気がないときは、カミュやカフカの日記なんかを読んで日記代わりにする。

カミュの日記は、いまでもじんとくるよ。当時の私に重ね合わせて読むからかもしれないが。

八月。やさしい感動的なパリ。猫や子供たち、それに人びとのうちとけた様子。灰色と空、そして石と水の盛大なパレード。

九月八日。太陽がきらめきながらゆっくりと沈んでゆく。モナコの夾竹桃《きょうちくとう》、それに花でいっぱいのジェノワ。リグリア地方の海岸の紺碧《こんぺき》の夕暮。どことない疲労感、そしてなにか泣きたいような気持ち。こうした孤独感と、愛したいと思う切ない渇き。

パリの春。なにかほのかな希望の約束のようだ。あるいはマロニエの蕾《つぼみ》がひとつふくらみ、心が浮きたつようだ。アルジェでは、春への移り変りはもっとだしぬけだ。それはバラの蕾のひとつのふくらみではない。ある朝、数千のバラの蕾がどっとふくらんで、息苦しさを覚えるほどだ。

小説。この物語は青い燃えるような海辺にはじまっている。海水浴にきた二人の若者たちの褐色の肌、水遊び、そして太陽。夏の夜の海辺の道、暗い夜の底から果樹や煙草《たばこ》の匂《にお》いが立ちのぼってくる。

（『太陽の讃歌　カミュの手帖《てちょう》―1』より。高畠正明訳、新潮社）

夜毎《よごと》に感動的な文章を読み返して、その光景を思い起こす。そして、翌朝、自分でも美しい光景を採取するために出かける。こうして、少しずつ布団《ふとん》から出ることができるようになったんだがね。

A君は、きょうここに来たように、何となく街に出ることはできるんだろう？　だけど、積極的に仕事はできないというわけなんだね。

A　ええ。そんなところです。

あっ、Bさん、何だね？

B　あのう、私特別に引きこもりの体験はないんです。でも、**生きていて何をしても虚《むな》しいと思ってこれまで来ました。あまりにも虚しいので、虚しいことを題材にして少し前から小説を書きはじめました。**つまり、私の人生行路がいま先生の描写された図式にぴったり当てはまっているんで、はっとしました。**まさに小説を書くことは、いまの私にとって一条の光です。でも、苦しいんです。才能に自信がないのです。**

もう少し、小説を書きたい動機を説明してくれないかな？

B　**私、自分を表現する場が欲しいんです。「これが私だ！」と言える場です。**誰からも干渉されない私の世界です。それを表現し、その私の世界を多くの他人が共有してくれ、称賛してくれ、そして尊敬され、それによって生活できるとしたら、地上の幸福のほとんどすべてが与えられるじゃないですか。つまり、自分を救えるじゃないですか。

きみは、ずいぶんものの言い方が率直だねえ。それは一つの才能かもしれないよ。

そして、いま聞いたかぎりでは、私は何も反対することはない。りっぱではっきりした願望だ。じつは、私も十二年に及ぶ長い学生時代の一時期、小説を書いていたことがあった。毎晩こころ躍る気持ちで書く。自分固有の世界を開く。そして、少数の仲間たちに読んでもらう。新人賞に一度応募し、一次予選で落ちて、やめたけれどね。当時の私を励ましたのは、そして書くことをやめさせたのは、リルケの『若き詩人への手紙・若き女性への手紙』の中のある言葉だった。

自らの内へおはいりなさい。あなたが書かずにいられない根拠を深くさぐって下さい。それがあなたの心の最も深い所に根を張っているかどうかをしらべてごらんなさい。もしもあなたが書くことを止められたら、死ななければならないかどうか、自分自身に告白して下さい。何よりもまず、あなたの夜の最もしずかな時刻に、自分自身に尋ねてごらんなさい、私は書かなければならないかと。深い答えを求めて自己の内へ内へと掘り下げてごらんなさい。そしてもしこの答えが肯定的であるならば、もしあなたが力強い単純な一語、「私は書かなければならぬ」をもって、あの真剣な問いに答えることができるならば、そのときはあなたの生涯をこの必然に従って打ちたてて下さい。あなたの生涯は、どんなに無関係

に無意味に見える寸秒に至るまで、すべてこの衝迫の表徴となり証明とならなければなりません。（高安国世訳、新潮文庫）

私は自分に尋ねた。だが「私は書くことをやめたら死ななければならない」と言うことはできなかった。そして、書くことをやめた。それでは、私は何をすべきなのか？

当時の私は、人はなぜ特定の仕事をしなければならないのか真剣に思い悩んだものだ。

銀行に入ったとしたら、年がら年中金を借りたり貸したりして過ごすことの意味がわからない。旅館業に就いたとしたら、毎日毎日シーツを洗濯して、料理を作って、風呂をわかして、掃除して、またシーツを洗濯して……こうすることの意味がわからない。車のセールスマンになったとしても、なぜ、来る日も来る日も車を売ることに精を出さねばならないのか、わからない。こうした仕事に一喜一憂して人生を駆け抜け、死んでしまうことの意味がわからない。

たとえ医者や公認会計士といった社会的にステータスの高い仕事であるとしても、

なぜ私が見も知らぬ患者たちを次々に治療しなければならないのか、なぜ私が名も知らぬ会社の損益を日々計算しなければならないのか。

消防士なら、ガードマンなら、ボイラーマンなら世の中の役に立つであろう。だが、はっきり役立つ仕事は、みな肉体労働であり、危険が伴い、だから怖いのだ。運動神経が抜群に悪い私としては、こうした仕事ははじめから外される。

海外青年協力隊に参加するという道も、自衛隊も駄目である。私には、集団生活の臭《にお》いが少しでもするところは耐えがたいから。私が犯罪に走らない最大の理由は、刑務所という集団生活の罰が無性に恐ろしいためかもしれない。

では、独りでできる芸術家や学者のような表現者になろうか。とはいえ、私には画家として小説家として哲学者としてやっていく自信がない。そんな自分が、その世界に飛び込んでもっと傷つくのが怖い。やってみればいいと思うのだが、そして敗退すればすっきりすると思うのだが、そうではない。わかるだろうか？　もう十分傷ついているからこそ、それ以上傷つくのが怖いのだ。踏ん切りがつかないのである。

B　おっしゃること、よくわかります。**私、ときどき小説なんか書かなくても生きてゆけると思うことありますが、そう自分で認めるのが怖いんです。**もしかしたら、私もすてきな男の人が目の前に現れて結婚し子供をもったら、すうっとあらゆる苦悩が消えてしまうのかもしれない。そうしたら書かなくてすむかもしれない。私、最近そういうことを期待しているようでもあるんです。自分の甘さに嫌気がさしてきます。

まあ、そう自分を責めることもないだろう。

D　先生の言われること、痛いようにわかります。**私もごまかしの人生だったとつい この前実感して、それこそ夜もうなされるほどに悩みました。**癌《がん》の誤診がなかったら、まだ「これでいいんだ」と言いつづけていただろうと思い、冷や汗が出ます。

でも、たしかに踏ん切りがつかない。何をどうしていいのかわからない。四国遍路の旅に出ようかとも思いましたが、そういうことではないんだ、自分は哲学をしたいんだということがはっきりしてきました。

といって、三〇年前に哲学を捨てたことを後悔してはいない。あのときはしかたなかったと思っている。だが、**これからはそうではない。私は自分の人生を取**

りもどしたいんです。

これはあとで主題にしますが、まだまだ十分取りもどせますよ。いや、Dさんは老後、理想的なかたちで哲学をすることができる気さえします。

C　**私は自分が何をしたいのかわからないままに会社に就職してしまい、気がついたら充実しない時を二〇年も送っていたのです。**

私の感じでは、そういう呟《つぶや》きとともに家を出、そういう呟きとともに家に帰る中年サラリーマンはそんなに珍しくないと思いますよ。Cさんは、勇気をもってそれを自認しているだけであって、彼らのほとんどはそうした考えが時折心の片隅をさあっとかすめるのに気づきながらも、ただ自分が崩れるのが恐ろしくて、そう言い出さないだけなんだ。

考えてみれば、それによって生きがいを感じ、それによって生活の糧《かて》を得る一つの仕事を選ぶということは至難のわざだ。近代社会においては、出自や身分によってではなく仕事によってその人の値打ちが測られる。しかもただ仕事を続けていればよいのではなく、仕事においてたえず他人と競い勝ち抜くことが要求される。これは、たいへんしんどいことであり、膨大な挫折者《ざせつしゃ》が出てきて当然というものだ。われわれは、この「当然」ということをしっかり見据えて出発しなければならない。

本屋には、仕事に関する本が山のように積まれている。その大半は、第一に、叱咤《しった》激励してストレートに成功へと導く本、そして第二に、成功をめざしてあくせく働くことはない、ゆったりした自分らしい人生を歩もうという本、この二つに大きく色分けされるように思う。

だが、私が言いたいのは、このいずれでもない。もっと身も蓋《ふた》もない真実である。すなわち、人生とは「理不尽」のひとことに尽きること。思い通りにならないのがあたりまえであること。いかに粉骨砕身の努力をしても報われないことがあること。いかにのんべんだらりと暮らしていても、頭上の棚からぼたもちが落ちてくることがあること。いかに品行方正な人生を送っても、罪を被《かぶ》ることがあり、いかに悪辣《あくらつ》な人生を送っても称賛され賛美されることがあること。

そして、社会に出て仕事をするとは、このすべてを受け入れるということ、その中でもがくということ、その中でため息をつくということなのだ。だから尊いということ、これはなかなかわかってもらえないかもしれないから、これから言葉を尽くして語りつづけようと思うが、私の言いたいことの核心なんだよ。われわれは実際に仕事してみることそのことのうちからしか、自分の適性はわからないだろうし、才能もわからないだろうし、ほんとうに自分のしたいことすらわからないだろうということ。つまり、自分とは何かはわからないだろうということである。日々の仕事に違和感を身に沁《し》みて感じたからこそ、それからの転職も現実的な力となる。日々の仕事に不満を感じながらも、そこから逃れようとしないことのうちに、自分のかつての夢の軽さもわかってくる。

しかも、自分にふさわしい仕事をやっと見つけて、その中で自分のしたいことがわかったとしても、けっして（いわゆる）ばら色の人生が開けているんではないんだ。そこでもあなたは、またもや敗退する可能性は高い。しかし、それでもからだごと動いてゆくことを通してしか、あなたがよく生きることはできない。

布団の中で、ベッドの中で考えつづけても、打ち出の小槌《こづち》のように、魔法のランプのように何かが出てくるわけではないんだよ。

A　**でも、逃げつづける人生も一つの人生なんじゃないですか？**　すべての人が颯爽《さつそう》とした人生を送る必要はない。

たしかに、みずからを試練の場に追いやらずに、逃げつづけるのも人生である。問うことをやめ、死んだように生きること、例えば親の年金をあてに生きつづけ、親が死んだらその家を賃貸して生きつづけることも一つの人生である。自己欺瞞《ぎまん》という鎧《よろい》をびっしりとまとい、死ぬまぎわまで自分をだましつづけるのも人生である。

C　そうでしょうか？　私はどうしてもそうは思えないんです。私はいままで自分をだましつづけて会社員をしてきましたが、もう限界です。**自分をだましつづけるのは、じつは容易なことではありません。**

Cさんは正直ですね。言いかえれば、生きるのが巧みではないんですね。でも、世の中には自己欺瞞の達人がいる。「これでいいんだ」という催眠術を毎日、いや刻々と自分にかけて生き抜いてゆく人は膨大な数にのぼる。

最近、「だめ連」という組織を知った。その関係の本を読んだ（『だめ！』河出書房新社）。彼らは、職業、財産、地位、家族……等々社会的に評価されるもの、つまりそれによってわれわれを縛りつけるものを何ももたないことを信条にして生きている。

こうしたものを積極的に求めないばかりではない。求めてはならないと居直っているんだ。しかも、必死な思いでそうしているのではない。ただ、重くも軽くもない普通の気持ちでそうなのだ。

彼らはそうしながら、月に一度ほどどこかに集まり話し合う。人間関係を完全に絶ってはいない。

私は彼らの誰ひとりにも共感を覚えなかった。だが、こうした非生産的な生き方がそれなりの場をもっている、つまり頭から排斥されない現代日本は健全だと思う。働かない者を片端からとらえて牢屋《ろうや》に入れる社会は疑いなく恐ろしい社会なのだから。ただ、どうでもよいことだが、かつてのフーテン族のように、いいようにマスコミにおだてられたあげくに、跡形もなく消え去ってしまうような気がする。強烈な生き方として残っていかないような気がする。

自分が「だめ」であることを受け入れるところまではよい。しかし、これについてはあとでじっくり議論しようと思うが、そこには仕事人間と通底する自己欺瞞があるような気がする。人生たいそう複雑で理不尽であるのに、思考を停止して「だめ」を受け入れるところに安住してしまっているような気がする。そこがいちばん楽だからという動機が支配的になり、ほかのさまざまな人生への態度からあえて目をそらせているような気がする。

もちろん、彼らのような男女が生きていて悪いことはない。心からそうしたい人に私は何の提言もできない。しかし、私自身は「だめ」なままの自分を受け入れることはできなかったし、いまもできない人間なんだ。私は、一年近く家で寝ていた後に「これがえんえん数十年続いて死ぬのか」と思い、恐怖にとらわれ、そしてはっきり「そうしたくない！」と思った。そう心のうちで叫ぶ声を聞いたんだ。

C　でも、**一大決心して社会に出てみたところで、仕事におもしろみを発見できないかもしれませんよね**。まして、成功するとは限らないですね。そう思うと、社会に出る前に足がすくんでしまうのもわかる気がします。

その通り。私は、一生懸命生きれば人生に成功も失敗もない、という単細胞的きれいごとを言いたいのではない。それは完全な嘘《うそ》である。一生懸命に生きても（いわゆる）失敗に足を絡《から》まれる。のらくら生きても（いわゆる）成功は降ってくる。

多くの人はそう思いたくないばかりに、つい「成功した人はみんな大変な努力を重ねたのだ」と言ってしまうが、それは違う。これは、ありとあらゆる世の中の理不尽を消してしまいたいという願望から出た怠惰な言葉なのだ。

いかに努力を重ねようとも、成功しない膨大な数の人がいることは事実である。多くの人は、「しょせん、才能がないのだ」と言って、割り切ってしまおうとする。たいそうな暴力である。

成功した人は、みずからの類《たぐ》いまれな成功の理由を自他に納得させたいのであり、失敗した人も、ちょうど被疑者が警察の追及にくたびれはてて、無実でも自白してしまうように、納得できないことを無理にでも納得して楽になろうとする。なぜか？　そうしなければ、その理不尽さに耐えられないからである。

みんな、安心したいのだ。凶暴な心でいたくないのだ。

だが、じつは誰でも知っている。才能が何を意味するのか、わからなくなることを。運不運というものが人生を揺さぶりつづけるということを。
Ａ　だから、ぼくは社会に出たくないのです。
もう少し聞いてもらいたい。私は、このことをいちばん言いたいのだから。引きこもっている少なからぬ者は、こうした理不尽に耐えられないんじゃないか？　それが怖いんじゃないか？　しかし、さきほど言ったように、人生とはそういうものなのだ。それを呑《の》み込むことが「生きる」ということなのだ。

社会的評価とは、みんな無理にでも納得したいがために無数のブラックボックスをあえて覗《のぞ》き込まないようにしたすえの評価にすぎない。文学賞でもピアノコンクールでも応募者や審査員の顔ぶれによる偶然的要素はかならずつきまとう。天地に恥じない公正な選考など、この地上のどこにもない。まして、大学や会社のポストなどは、年齢やみんなの受け
といった専門能力以外のさまざまな「人間的能力」によって決まってくる。運不運としか言いようのない要素は、さらに増してくる。

とはいえ、すぐに付け加えねばならないのだが、すべての選考が信じられないほどひどいわけでもない。

例えば、東大教授陣がその分野の最高の学者ぞろいでないことはみんな知っているが、まあ半数は最高に近い人々が結集しているのだ。これは、日本のほかのどの大学でも実現できないほど優れた能力集団なんだよ。

『全国不登校新聞』から取材を受けたことがある。それまで、この新聞を私は知らなかったのだが、全国に不登校者は一〇万人以上いると聞いているので、さもありなんと思った。かつての不登校学生時代、こんな新聞があればまっさきに購入したであろ

う。そして、たいへん慰められたような気がする。自分は何の仕事をするべきかわからなかったから、早速新聞社に電話してそこに就職してしまったかもしれない。生きがいを感じたかもしれない。

だが、その新聞の内容にはアンビバレンツを感じた。違和感も大きかった。あたかもなんの疑問も覚えずに学校に通っている生徒たちより不登校者のほうが偉いかのような記事が紙面を覆《おお》っていたからである。不登校者を励ます意図はわかる。しかし、その内容は嘘である。

B　**それが、さっきおっしゃった「本願ぼこり」というものですね。**

その通り。

小学生以来、学校に愉快に通っている生徒が私は信じられなかった。学校という場そのものが自分に合わないと感じていた。

だが、私にしても長い時間をかけてわかってきたことなんだが、まわりの普通であろうとするゲームを刺すように批判的に見ているそういう自分のほうがまともだと居直ったとたんに、その苦痛は何と言えばいいかその輝きを失う。どこにでも見られるかじかんだ自己正当化、自己欺瞞、真実を直視しない卑怯《ひきよう》な弱い態度に転じる。強者に勝てないがゆえに、無理やり座標軸を逆転してしまうずるく巧みなやり方、ニーチェの言葉を使えばルサンチマンである。

そうではなく、もっと自然に考えればいいのだ。学校が楽しくてたまらない少年少女もいるであろう。それはそれでいいのである。彼らがまちがっているわけでもなく、自覚が足りないわけでもなく、欺瞞的であるわけでもない。彼らの中にも誠実でこころ優しい人もいるし、不登校児の中にも、不誠実で冷酷で傲慢《ごうまん》な者もいる。同じように、引きこもりの者がみんなどうしようもない落後者であるわけではない。といって、彼らがみんな純粋で正しいわけでもない。私がとくに提言したいことは、怠惰な紋切り型の定式的な思考を警戒せよということだ。「納得したい！」という情緒に引きずられるなということだ。ものごとはひたすら細部を見なければならない。

B　ええ、わかります。

A　ぼくも何となくわかります。でも、すみませんが、そういうことはぼくにはどうでもいいんです。**引きこもりから脱出するヒントにはならないということです。**

たぶん、きみはまだ「外」が怖い。明るい昼間の光が怖い。人々の視線が怖い。きみに話しかけてくる人々が怖い。きみを無視する人々が怖い。「やあ、久しぶりだね」と言って、何もなかったかのように優しく挨拶《あいさつ》する仲間が怖い。うさん臭そうにきみを遠くから見ている知人たちが怖い。ひそひそ語り合い目配せする人々が怖い。

A　ええ、そうです。

いったん引きこもるという決断をしてしまうと、そこが世界で最も安全なところだから、そこから出ることはたいへんな苦労になる。出たいという気持ちはあるのだ。そして、どうにか散歩まではできた、どうにか電車に乗れた、どうにか買い物ができた、という段階を踏むこともできるのだ。だが、その後なんと途方もなく困難な社会が岩山のように聳《そび》えていることであろう。

電車に乗れたところで、散歩ができたところで、いずれ実社会で生き馬の目を抜くような生存競争の果てに葬《ほうむ》り去られるのだ。だとしたら、努力に努力を重ねても、いずれここに落ち戻ってくるのだから、はじめから上昇しないほうが、くたびれなくていい。まあ、こんな具合に尻込《しりご》みしてしまう。そこで、また引き返してしまうのだ。だが、一つだけ確認しておこう。A君はそうして一生引きこもって生きていきたいのかい？「どうにかしなければ」と毎日呟いているんではないのかね？

A　それはそうですが……。

その確認だけで、きょうのところは十分だ。たしかに、どうにかしなければならない。そのことを、あと六回でゆっくり考えていこう。

2　「命を懸ける仕事」はめったに与えられない

きょうは、仕事と生きがいについて話そう。仕事に大いに生きがいを感じている人もいるであろう。しかし、かなりの人がまったく感じてはいないことも確かのようだ。また、もっと多くの人が、生きがいを感じているふりをしている。いつも心の片隅でぐつぐつと「ここは俺（私）の場所ではない」と思いながら、仕事をしている。「もっと自分にふさわしい仕事があるはずだ」と呟《つぶや》いている。

C　**私も、これまで仕事に生きがいを見つけたかったのですが、どうしても見つけられませんでした。**

それは、むしろあたりまえのことですよ。くよくよすることはない。そういうことを私は言いたいんだから。

自分の仕事に大いに生きがいを感じている人は、私にはどうでもいいのだ。勝手にしてくださいと言うだけ。だが、そうではない膨大な数の人は放っておけない。私の関心は、当面の苦境にどう対処するかではない。命を懸けるような仕事を見いだせないのはごく普通のことであると思う。そのことをはっきりと見さだめて、むしろなんの生きがいを感じなくとも、仕事をすることの意味を問うていきたい。

キング牧師のように黒人解放のために命を懸けたい、マザー・テレサのように「死の家」を築きあげたい、神谷美恵子のようにハンセン病に一生を捧《ささ》げたい、曾野綾子のように障害者とエルサレムへの巡礼の旅を企画したいと思っても、実現するのはなかなか難しい。なぜなら、多くの人にはその気力も能力も資力も人脈も、そして運すらないからだ。

好きでたまらない仕事を見いだし、かつその仕事において成功した人は、こうした要素のいくつかが本人の意志を超えたところで与えられたきわめて稀《まれ》な例なのだ。ほとんどの人は、いくら頭をひねっても自分の天職を見いだせない。たとえ見いだせても、挫折《ざせつ》してしまう。

能力が劣っていたからではない。人格的にまずかったからでもない。ただ、さまざまな偶然や運によって、仕事をまっとうできなかったのである。これはごく自然のことなのに、理不尽なことに、こういう者の声がわれわれの耳に届くことはない。

それにしても、たいそうおかしいと思うことは、自分の好きな仕事を見いだせない者を蔑視《べっし》する現代日本の風潮だ。「自分のやりたいことがきっと何か一つあるはずだ」というお説教は、正真正銘の嘘《うそ》だ。ほとんどの人は、目を皿のようにして探してもそんなものは見つからない。真摯《しんし》に求めないからではない。さまざまな要因が絡《から》み合い、不運が重なり合って、なんの生きがいも感じない仕事、ただ金をもらうだけの仕事に従事しているのである。

そして、たとえ自分のやりたいことが見つかったとしても、ほとんどの人はその分野でみずからの能力を開花することはできない。いや、たとえ開花したとしても、二流・三流の地位に甘んじて終える。このことは、ぜひ強調しておきたいことだ。誰でも知っていながら、誰もが知らないふりをする。ジャーナリズムを賑《にぎ》わせるのは、成功した一握りの人のみだ。その陰に膨大な数の成功しなかった人がいる。しかし、彼らもやはり自分の好きなことを見つけたんだ。それがさまざまな原因により、報われなかっただけなんだ。

C　ほんとうにそう思います。**実社会では結果ですべてが評価されてしまう。**でも、**その結果には運や偶然がつきまといます。**

世の中とはまことに不合理なことに、成功者のみが発言する機会を与えられている。成功者の発言は成功物語である。途中いかに苦労しても、いかに理不尽な目にあっても、最終的に成功すれば発言のチャンスは回ってくる。

彼らが自分の成功物語を個人的な体験として語るだけなら、まだ無害である。しかし、彼らのうち少なからぬ者は、成功の秘訣《ひけつ》を普遍化して語ろうとする。「こうすれば成功できる」という一般論を語ろうとする。じつはたいそうな天分とそれ以上に不思議なほどの偶然に左右されてきたのに、誰でも同じように動けば必然的に成功が待っているはずだと期待させる。それが実現できない者は怠惰なのであり、努力が足りないのであり、適性を誤っているのだと力説する。これは大嘘である。

D　耳の痛いことです。私はいつも社員に向かってそう語ってきました。私自身、自分の仕事能力に絶対的な自信をもっていましたし、**社員たちに努力すれば報われることを必死な思いで教え込もうとしていました。仕事の結果だけで人を見ると**

いう方向につい流れていましたね。仕事ができない男や女たちを欠陥人間のように眺めていましたね。

わかりますよ。一握りの天才的な自己批判精神をもつ者を除いて、Dさんのように仕事において成功することは、その人の描く人生構図を単純にする。自然な自己肯定の裏には自然な結果主義があって、世の中の割り切れないことやぐちゃぐちゃしたことを切り捨てようとする態度がある。

それはそれでなかなか颯爽《さっそう》としているのだけれど、人生のかなりの部分が見えなくなってしまう。何度でも言うが、とりわけ人生がたとえようもなく理不尽であること、この真理が見えなくなる。いや、自分で見えなくしているんだ。

Cさん、何か言いたいんですか？

C　ええ。たしかに、仕事における敗残者である私には、人生の理不尽が恐ろしいほどよく見えますよ。でも、**だからといって仕事に成功しない膨大な数の人が、成功者よりその複雑な襞《ひだ》までとらえて人生をよく見ているわけではない。真剣に生きているわけでもなく、充実して生きているわけでもないんじゃないですか？**

まさにその通りですよ。

誰でも知っているはずである。膨大な数の人がなんの命を懸けるものも見いだせずに、しかも特別失望しているわけでもなく、日々黙々と仕事に励んでいることを。彼らには特別の才能は与えられていない。だが、特別に劣っているわけでもない。ただ、誰とも交換可能な平凡な知識と、平凡な理解力と、平凡な判断力があるだけなのだ。本人もそのことをよく知っている。彼らは身分相応の職場を見いだし、身分相応の希望をもち、危険を冒すことなく、反社会的な素振りを見せることなく、人生の理不尽について頭が痛くなるほど考えるわけでもなく、そして特別不幸ではない。仕事を続け、老いてゆき、死んでゆく。

B　ええ、**私の友達もそうやってみんな結婚し子供をもって、結構幸福そうなんです。私には不思議でなりません。**

いや、Bさん、それは傲慢《ごうまん》な台詞《せりふ》だよ。そうして生きていて、全然不思議なことはない。むしろ、ある特定の分野に戦陣を張り、生きるかぎり戦いつづけるという人生観に執着しているほうがよっぽど不思議だよ。この現実を誰でも知っているのに、マスメディアからは「私はこういう仕事に命を懸けた。私は仕事においてこう努力が報われた」という甲高い叫び声だけが聞こえてくる。

なぜなら、本を書くのは（最終的には）成功した人のみ、テレビに出るのも講演するのも社会的成功者ばかりだから。彼らの声だけが拡大して聞こえてくるんだ。私はかねがね、仕事に挫折しつづけた人の仕事の本があったら読みたいものだ、永遠に仕事にありつけなかった人の講演会があったら聴きたいものだと思っているが、目を凝らし耳を澄まして探してもない。

Ｃ　それは、あたりまえじゃないですか。誰も、あえて失敗なんかしたくないんですから。それに、みんないかに表面には見えなくとも、膨大な数の人が成功しなかったことはよく知っているんですよ。

そうですね。ここには大きなテーマがよこたわっていて、じっくり考えてゆかねばならない。まず誤解しないでほしい。仕事に成功しなかった大部分の人の人生は価値の低いものだ、と私は言いたいわけではないのだから。むしろ、人生の偶然的要素にもしっかりと視線を注ぐことによって、仕事に報われなかった膨大な数の人生にも価値があることを認めたいのだから。

大部分の者が仕事に報われないのであり、そうした報われない人々が、それにもかかわらず続けるところ、続けざるをえないところに「仕事とは何か」という問いに対する地に着いた答えがあるように思う。理想的な要求ではなく、日々の現実的な要求に応《こた》えるものこそ、大方の仕事なのだと思う。この現実を見失ってはいけないと思う。

一握りの成功者のことなどどうでもいいのだ。そういう者の成功の秘訣をいくら読んでもあなたは成功しないであろう。そのことを知りながら、多くの人はそこにわずかなヒントでもと、読みたがり聞きたがる。だが、一〇〇歳をこえた老人に「長寿の秘訣は?」とたずねても、満足な答えが期待できないように、「夫婦円満の秘訣は?」という問いが、なんの実質的な答えも導き出せないように、成功の秘訣をいくら読んでもあなたは成功しないであろう。成功するかもしれないという錯覚に一瞬陥るだけである。

仕事に成功する秘訣を私は知らない。それにもかかわらず、生きているかぎりわれわれは仕事をしなければならない。まさにそのことを私は言いたいのだ。

A　ぼくは別に仕事で大成功したいわけではありません。ただ、何か自分にぴったりした仕事をしたいんですが、それがわからないんです。

社会に出ることを恐れているきみは、たぶん平凡な仕事を望んではいないんだろう？　きみはただ金をもらうだけの仕事など望んでいないだろう？　それが見いだせなくて悩み苦しんでいるのではないだろう？　きみは、きつい仕事は厭《いや》だ、危険な仕事は厭だ、生存競争の激しい職場は厭だ、社会的なステイタスが低い仕事は厭だ、給料の低い仕事は厭だ、知性のカケラもない職場も厭だ、下品な職場も厭だ、顧客にぺこぺこする仕事も厭だ、和気あいあいとした家族的な雰囲気の職場も厭だ、ワンマン社長がふんぞり返っている職場も厭だ、あれも厭だ、これも厭だ、と自分の「適性」をきわめて狭く絞って、そのハードルをことごとくクリアするような仕事を望んでいる。

しかも、きみはさらに生きがいのある仕事、つまり自己実現できる仕事を望んでいるのだ。そして、来る日も来る日も「ない！　ない！」とため息をつき、呻《うめ》き声をあげているのだ。

A　そんなところです。
私自身が若いころそうだったからよくわかるのだが、きみはたいそう仕事に対して
理想が高い。その基準をけっして落とそうとはしない。だから、必然的に現実にはな
んの仕事も見いだせないことになるんだよ。それを知りながら、心の底では理想をあ
きらめることがない。
これは、それ自体としてとらえると悪いことではない。むしろ、きみをよい方向に
導く要素になりうる。私は「身のほどを知れ!」という臭《にお》いを発するお説教は大嫌い
である。たしかに、身のほどを知れば、何らかの仕事が与えられるかもしれない。そ
こで妥協し、自分のうちから湧《わ》きあがる欲求をぐいと抑えつけ、考えないように考え
ないようにすれば、いずれその仕事がぴったり肌着のように合ってくるかもしれない。
ただ金を貰《もら》うために働けばそれでいいと言い聞かせて、みずからをだまし抜くことに
も成功するかもしれない。それも一つの人生だ。

しかし、きみはそれでは納得できないんじゃないかと思う。きみはそれほど巧みに
自分をだませないんじゃないかと思う。だまし抜いた一生を終えて、六〇歳になる自
分を想像したとき、冷や汗が出るんじゃないかと思う。

とすると、きみはみずからの欲求に耳を塞《ふさ》ぐのではなく、逆にその声からわずかなヒントでも見いだして、何をすべきかを徹底的に考えなければならない。あえて言おう。きみのような青年は、たとえ不幸になっても、「身のほどを知らない」生き方を熱心に探究すべきだと思う。たとえ、きみが不幸に陥り家族など周囲の者を不幸に落としいれることになろうとも、その生き方を貫くよりほかしかたないと思う。

A　**その「声」が聞こえてこないんです。**

いや、私のカンだが、きみはまったく聞こえないんではない。ようく聞いてごらん。じつはかなりの程度自分が何を望んでいるか知っているはずだよ。その望みと仕事を結びつける仕方は未知数だろう。だが、そうだとしてもその望みが何かは、ぼんやりとでもわかっているはずだ。でなければ、そんなに長いあいだ引きこもってはいないはずだからね。

仕事に対する理想がはなはだ高くて、どうしてもそれを下げることができないきみは、その道をとことんまで行くしかない。きみはその仕事しか満足しないだろうし、たとえ平凡な仕事についたとしても、長続きしないであろう。だから、じっくりこの難しい道を探らねばならない。それ以外の道はない。きみは、かなりの蓋然《がいぜん》性をもって成功しないであろう。しかし、それもまた豊かな人生になりうるんだ。

A そんな抽象的な言い方ではわかりません。

では、もう少し具体的に語ってみよう。うまくきみに伝わるかわからないけれど。そうだなあ、まずどんなに不可能なことでもどんなに大それたことでもいい。才能とか年齢とか親の反対とか生活の安定とかすべて切り捨てて、自分がいちばんしたいことをまず確認すること。それがわかったら、それを実現するありとあらゆる方法を考えること。なにも直接的な道でなくてもいいんだ。間接的な道でも構わない。

私は自分の体験からこう言っているんだよ。三〇歳で大学院から追い出され予備校教師に納まったころ、「自分に哲学が与えられなければ、ほかに何が与えられても虚《むな》しい」というようなことが、日記に何度も書いてある。つまり、私は予備校という間接的な道を通って、やはり哲学という火を消そうとしなかったんだ。私の場合はとてもわかりやすかった。私にとって哲学とは単なる学問研究ではなく、哲学的に生きるということなのだから。それは、私にとってよく生きるということと同じ意味をもっている。生きているかぎり、これは私の目標なのだ。道は相当曲がりくねっている。しかし、どの視角からもやはりこの目標の火はぼおっと見える。人々に追い抜かれても、転倒しても、起き上がれなくなっても、ますます鮮やかに見えるんだ。

こうした私の体験から言えることは、いかなる失敗も、その目標の火が消えないかぎり、きみは耐えられる。最終的には、その目標を実現しなくてもいいんだ。完全に失敗してもいいんだ。だが、そうした運動を通じて、きみはたぶん辛《つら》いけれど充実した人生を味わえると思うよ。そして、運よく四〇歳、五〇歳まで生き延びることができれば、きみは知らないうちに数々の宝を手にしていると思うよ。

Ａ　二〇年後、三〇年後のことはどうでもいいんです。**ぼくはむやみにプライドばかり高くて、そのプライドもなんの実績にもとづいたものではないから、まともに戦って、その結果はっきりと負けることが恐ろしくてしかたないんです。**つい、ここだという場面にくると尻込《しりご》みしてしまうんです。

わからないこともない。そうきみが告白すると、多くの鈍感な善人は「思い切ってやってごらん」とか「失敗を恐れるな」とかのご託宣を述べる。しかし、それはきみの耳には空虚に響くほかないはずだ。

こういう輩《やから》は、何も考えずにパックに詰めたような定形的な言葉をぽんと投げつけるだけなのだからね。私も完全癖が相当強くて、中学時代や高校時代は成績が少しでも下がると、もう人生が終わりのような暗い気分になったものだ。だが、相談すると「そんなに気にするなよ」という紋切り型の答えだけ。そういう奴《やつ》には「もっと気にしろよ」と言いたくなる。

期末テストの一点に、学力試験の席次に、通知表の成績にくよくよすることは、たしかに醜いよ。生きるうえでは弱点だよ。とても生きにくいからね。みんなから厭がられるからね。しかし、私はいまとなって悟ったんだ。みんなこぞって「こだわるな」と忠告してくれたが、このせせこましい醜いこだわりこそ自分の宝ではないかと次第に思いはじめたんだ。

きみの中のこうした弱点をよく見据えることだよ。まだ若いときはわからないかもしれない。しかし、長い人生の道のりにおいて、弱点と思ったことが存外自分を救ってくれることにきみも気がつくと思う。

何ごとにも決断がつかないこと、真剣に戦う前に戦場から退散してしまうこと、こうした弱腰こそかえってきみ自身を鍛える指針になると信じるんだ。自分でも厭になるほどの実力不相応のプライド、うんざりするほどの自己愛と他人蔑視《べっし》、それと奇妙に両立するはなはだしい自己嫌悪《けんお》、こうしたことを引きこもっている者は多かれ少なかれ所有していると思う。それらこそ、きみを導く羅針盤なんだ。まさにそれらがきみを鍛えてくれ、数々の仕事を準備してくれるんだよ。

カミュが愛用していたニーチェの言葉がある。それは「私を殺さないかぎり、私はますます強くなる」というものだ。私にはこの言葉の意味がよくわかる。人生の目標がはっきりしており、しかもそれは実現されなくてもよいのだと悟ったとたん、きみは何をしても失敗することはない。

わかるだろう？　大学教授になるとか、作家になるという目標は、それがかなえられなければ失敗したことになる。それに精魂を傾ければ傾けただけ、悲惨な結果だよね。だが、きみがきみのすべての弱点をそのまま背負ってできる固有のよい生き方を目標にするかぎり、失敗はない。そうじゃないかね？

Ａ　**でも、やっぱり、そう言われても自分が何をしたいのかわからないんです。**

そうか。これだけ言ってもわからないのならしかたない。あらゆる偏見・現実的可能性・世間体などを捨てて虚心坦懐《たんかい》に考えてみて、自分がしたい仕事をどうしても見いだせないなら、きみは金を儲《もう》けるだけの仕事、あるいはなるべく楽な仕事をすればいいじゃないか。どうしても偏見や世間体や親の気持ちを捨て切れないというのであれば、世間体に合った・親の期待にそった・ひと聞きのいい仕事を求めればいいと思う。

優等生的な自分を意図的に変えたいと望むのなら、いっそこの機会だ、ドデカイ転回をしてはどうかなあ？　ポルノ映画の男優から映画スターへの道を一気に駆けあがりたいという理想は立派なものだと思う。ラブホテルを経営したいという理想でもよい。探偵でもいいし、葬儀屋でもいい。一応の法の枠内で、これとて絶対的ではないんだが、社会的評価と自己欺瞞《ぎまん》を完全に払いのけて探索してみれば、きっところ当たりはあるはずだ。きみはただそれをしないだけなんだ。

Ａ　ぼくは、そんなことしたいんじゃないんです。

じゃ、こういうのはどうだ？　誰でもできるものではないよ。きみはなかなかハンサムだよね。女性のヒモとかペットとして生きるってのはどうだろう？　さきほど紹介した佐藤春夫の『都会の憂鬱《ゆううつ》』もそうだけれど、バルザックの『従姉妹《いとこ》ベット』、岡本かの子の『老妓抄《ろうぎしょう》』などにあるように、年上の生活力のある女性に養ってもらうのさ。

　いずれも「飼われている」青年は才能があって、そこに居ること以外ひたすら自分の好きなことをしているだけでいいんだ。とくにベットに飼われている青年は天才的彫刻家なんだけどね。でも、絶対に逃げてはならない。とまあ、こういうロマネスクな人生を送るのはどうかな？

　誰にでもできるってものじゃないだろう？　きみのようなひ弱さを好む女性って、テネシー・ウィリアムズの『やけたトタン屋根の上の猫』に出てくるマーガレットのように、存外多くて、真剣に求めれば降るようにあると思うよ。

　ここに、マーガレットがブリックに投げつける台詞《せりふ》があるから読んでみようか？

「まあ、弱い人！　弱い人って、美しいもんだわねえ！――好きだわ――あっさり、あきらめてしまうんだもの。――あんたには、だれか――ささえになる人が、入り用なのよ。――やさしい、やさしい、愛情をこめて、抱きささえてくれる人が！　で――その愛情、あたしには、あるのよ、ブリック、あるのよ！」

（田島博訳、ト書省略、新潮文庫）

どうだろう？　いいもんだろう。このマーガレットの台詞は、女性の典型とまで言えると思うね。もっとも、きみを愛する年上の男でもいいんだがね。

A　ふざけるのはやめてください。

全然ふざけてはいない。ぼくだって、ウィーンで三年間家内に「飼われて」いたんだし、その前だってじつは長男代わりに両親と家を守っていた独身の姉の膨大な「投資」によって一二年に及ぶ長い大学生活を続けられたんだからねえ。

それに、あとで話題にする予定のぼくの主宰する哲学の道場「無用塾」には、おもしろい青年がたくさんいて、T君もそのひとりだ。彼の人生の目標はただ一つ、自分の理想的な女性が自分を全身全霊で愛し、その人に奴隷《どれい》のように仕えて一生を終えることだそうだ。ただ、幸か不幸かまだそういう女性にめぐり合っていない。

この第一目標があまりにもハードルが高いから、彼はさしあたり第二目標をつい最近決めた。それが倫理学なんだ。そういう自分の求めている価値とはいったい何なのだろう、それはどこから生じて、どういうあり方をしているのだろう、という問いに答えたいためだそうだ。彼はこの問いを抱えて早稲田の哲学科に進んだんだよ。立派なものだとは思わないか？　心底納得できる生き方じゃないか。

Ａ　ぼくの望みは違うんです。**大成功したいわけでも、華やかに生きたいわけでもない。快楽を追求して生きたいとも思わない。**なんというか、**ぼくは自己を実現でき、かつ節度ある清潔で美しい生活をしたいんです**。

ああ、いまやっと自分でも自分の願いを言語化した感じです。例えば、カフカや宮澤賢治は、ほとんど無名のままに世を去った天才たちですよね。彼らは事務員や小学校教師を続けながらも、詩や童話を書いていた。そういう生活は虚飾から逃れていて、とてもいいもんだと思い、無性に憧《あこが》れます。

それはなかなかいい目標だ。だが、残酷なようだが、仕事を選ぶうえでもう一つ、きみが「天才でない」という前提もここに加えておこう。

天才たちの成功話や不遇話はもういいじゃないか。それらは、平凡なきみが、仕事を始めるうえでなんの役にも立たない。平凡なきみが、きみに与えられた仕事を続けてゆくうえでなんの役にも立たない。大秀才でもない、という前提を加えてもいい。私の経験では大秀才とは失敗しない人のことである。きみはすでに引きこもり、(普通の意味で) 人生に失敗しているのだから、定義的に大秀才ではない。

仕事をしようとしたら、きみは、天才たちの不幸にも豊かに逸脱した生涯を参考にしようという野望を捨てねばならない。そういう人種が、つつましい仕事をしながら宝石のように輝く生き方をしていた。それを身近にいたわずかな者が気づいていただけだった。そして、いまや、当時の文学界のあらゆる大御所より優れた作家であることをみんな認めている。だから、自分にもそういう生き方があるのかもしれない……という幻想を捨てるべきだ。

カフカも宮澤賢治も清貧に徹しようとして、隠れて生きようとして、そういう生活を選んだのではない。懸命に生きつづけたら、結果としてそうなってしまったのだ。彼らは生前、文壇の寵児《ちょうじ》になったとしても、同じように優れた作品を書きつづけたかもしれない。つまり、きみは天才たちの悲壮な生活を真似《まね》することはできる。だが、きみが天才ではないとすると、その創造的側面を真似することはできないのだ。カフカを真似て生きること、しかもカフカのように書けないこと、これは悲惨なことだよ。

B　**私、自分が天才どころか鈍才に分類されるだろうことを知っています。でも小説が書きたいんです。これって、認められないことなんでしょうか？**

そんなことはない。だが、はっきり言っておく。たとえBさんが小説家になれたとしても、優れた小説を書けるかどうかはわからないよ。ベストセラー作家になれる見込みは少ない。誰もが知っている人気作家になれるわけでもあるまい。たぶん、待ち構えているのは、小説家として二流（以下）の人生である。次にこのことを考えてみよう。

私の持論なのだが、自分の仕事にプライドをもっているなら、けっして「二流でいい」と自分にささやいてはならないように思う。「仲間に負けてもなんともない」と言ってはならないと思う。タコ焼き屋でも、ラーメン屋でもいい。仲間に負けてもなんともないのだったら、それは厳密には仕事ではなく趣味だ。

そして、残酷なことに、いかに努力しようとほとんどの人はその限られた微小な分野でさえ一番にはなれない。仕事に挑むかぎり負けるのだ。負けつづけるのだ。私はこうした生き方こそ、真摯《しんし》な充実した人生なのだと思う。何かに賭《か》けた者を襲うその苦しさこそ、あえて言えば仕事の醍醐味《だいごみ》だと思う。

何かに賭けても成功しなかったおびただしい人々がいる。一度も新人賞の入選候補にさえあがらず、一冊の単行本さえ出さずに、同人雑誌に私小説（らしきもの）を書き連ねて終わっただけの「作家」たち、二流展覧会に数度入選しただけの、だから親《しん》戚《せき》・知人以外は誰も買い手のいない「画家」たち、同じように親戚・知人以外は誰も聴きにこない演奏会を黙々とこなすだけの「音楽家」たち。十数人しか観客のいない小さな芝居小屋で老いてゆく「俳優」たち。

しかし、彼らが「これでいいんだ」と居直らないかぎり、彼らはプロであり、彼らはみずからの仕事をしているんだ。

B　そうですね。そう思わなければやっていけません。

C　**これまでの人生で何も賭けずに来た自分から見ると、何かに賭けても成功しなかった人、それにもかかわらずその仕事を続けている人もまた羨《うらや》ましいんです。彼らは豊かな敗北感をもって生きていける、そして死んでいけるんですから。それさえせずに、自分がこの歳《とし》までだらだら来てしまったということに、はなはだしい自己嫌悪を覚えるのです。**

そういう気持ちはわかりますよ。でも、残酷な言い方だが、私の直観によると、そう言ってしきりに後悔しているCさんだが、ふたたび若いときに戻って選択が許されたとしても、やはり安全な道を選ぶような気がする。「豊かな敗北感」というCさんの言葉は、私の耳にはずいぶん空疎《くうそ》に聞こえた。Cさんのような安全な道をたどってきた人に一つ知ってもらいたいのは、不安定な道を歩むことがどれほどの緊張と恐怖を人に与えるかということだ。息苦しくなるほどの信念がなければ、そしてまさに清水の舞台から飛び下りる覚悟がなければ、芸術や哲学の世界へなんぞ歩み出せるものではない。

ただ自由人に憧れるだけでは、束縛のない生活をしたいだけでは、絶対に長続きしないであろう。「自己実現したい」という抽象的な願望だけでも駄目なんだ。具体的にその実現の方向にからだを動かしはじめねばならない。人生を支配している理不尽に向かって、からだごと戦いを挑まねばならないんだ。

そして、破れ果てたとき、何かが見えてくる。からだごと真剣に学んだことが、第二の仕事の準備をしてくれる。それは「金にならない仕事」というテーマで、後にあらためて話し合うつもりだがね。

いわゆる仕事において報われなかった人々こそ、金にならないほんとうの仕事に真剣に取り組むことができるんだ。みんなが仕事を終え休息をしだす老後から、ほんとうの仕事が始まるんだよ。

C　いまからそのお話楽しみです。

D　私も、少なくとも、それを聞くまでは生きていたいと思いますよ。大げさですね。まあ、大いに楽しみにしていてください。ところで、A君。きょう、何か具体的な手《て》応《ごた》えはあったかい？　引きこもりを断ち切って、仕事に向かって動きだす気配を自分のうちで感ずるかい？

A　そんなに確かなものじゃないんですが、少し楽になった感じです。また来週もお願いします。

それはよかった。

3　仕事と能力

今回は、仕事と能力について話し合おう。世間では安易に「能力」と言うけれど、これがよくわからない。これは、とりわけピアニストとかサッカー選手とか宇宙飛行士とかの特定の高度の技術を要する仕事について語られるとぴったりする。ある人に備わっているとみなされる特定の仕事への潜在的・可能的な力であるが、もちろんその大きさや方向など、物理学の力のように決まった法則をもって記述されているわけではない。ただ、漠然と了解されているだけなのだ。

これは会社で総合職として働いている場合、とくに見えなくなる。仕事ができる人とできない人がいるが、はたしてそれは特定の能力なのか？　それは複雑怪奇な「総合的人間力」とも言えるものであって、誰も見通せないからこそ、偶然に左右されているという印象も湧《わ》きあがってくるのだ。しかも、すべての人は、こうした能力がすでに（生まれる前から）配分されているかのように扱われ、結果によって判定される。そこに、たいへん見通しの悪い領域が開かれ、人生の悲喜劇が開かれるのだ。「自分よりはるかに能力の劣った者が昇進してゆく」と言いたいこともある。「査定に能力が正確に反映されていない」と文句をつけたくなるときもある。しかし、能力が正確に反映されることを希望する人々は、一つ大きな問いを発しないという怠惰を引き受けている。それは、「能力の勝った者が能力の劣った者よりも優遇されることはなぜ正当なのか」という問いである。これに答えてくれる理論を私はいまだ知らない。

　このあたりでどうだろう、具体的な問題を出してくれないか？

C　いま言われたことは全体としてよくわかります。でも、**「才能」と呼ばれる特定の能力は、どうしようもなくはっきりしているのではありませんか？** 組織の中で部長だ課長だという地位にあることもまた能力の結果とみなせるのかもしれませんが、そんなもの地位を去れば何も残りません。**作家であろうと、スポーツ選手であろうと、ピアニストであろうと、画家であろうと、料理人であろうと、どんな小さい分野でもいい、個人として自己実現している人が私はたまらなく羨《うらや》ま**

しいんです。でも、そうしようったって私にはその才能がない。これは認めざるをえません。

よくわかりますよ。だが、「才能がない」と言ってあきらめてしまえる者は、そのことをもって才能がないのだと言わざるをえない。才能とは、少なくともそういうかたちであきらめてしまえるものではない。何が起ころうと、いかにみずからの限界を感じようと、たとえ死んでもせざるをえないもの、ほかのことを絶対にできなくさせるもの、それが才能なのだ。だからCさんが若いころ、数々の理由によって才能を見限ってあきらめてしまえたのなら、そのことをもってCさんには才能がなかったのだ、と言わざるをえない。

あるいは百歩譲って、これまで二〇年間、特定の才能を埋もれさせたまま会社に勤めえたとしたら、まさにそのことがその才能のないことを示している。そうとしか言いえないことが、過酷なのだ。才能とは、具体的に表現されたものの積み重ねをもってその意味を獲得してゆくものであり、いかなる兆候も示さない者が「俺には才能がある」と言っても誰も信じない。

C　ええ、わかっているんです。そういうあらゆる意味で私は才能がないんです。

それに、前回も触れたが、みずからを表現する職業は傍《はた》で見ているほど豊かでも美しくもない。それは偶然に翻弄《ほんろう》され、他人との闘争に明け暮れ、そして才能の欠如に悩み苦しむ道だから。Cさんは、やはり報われた一握りの成功者を思い浮かべながら、そう言っているように見える。

いかに自己実現したとしても、誰も二流、三流の自己実現の結果を賞味しようとはしない。二流のピアニストのCDを買おうとはしないし、三流のコックがいるレストランを訪れようとはしない。誰もそれらに時間を割き、金を払おうとはしない。こうして、彼らは必死に自己を表現したのだけれど、その表現を受け止めてくれる人がいない。たとえ表現する場が与えられたとしても、敗退するのだ。

秋に上野の公募展に行ってみるとよい。ほとんど誰も入らないガランとした部屋に血と汗の結晶である力作が掲げられている。『無限』とか『宇宙との出会い』とか『青春の輝き』とかの表題が虚《むな》しい響きを放つ。これらの作者たちの九割以上が家庭の主婦とか事務員とかであり、しかもプロである。将来ひたすら描きつづけ、ほとんどの人には知られず、そしてこれを死ぬまで続けるだけであろう。

わが国で一日に出版される新刊本は二〇〇冊とも言われている。そのほとんどは、棚に並ぶこともない。大型書店に二、三日置かれただけで、倉庫から倉庫へと葬《ほうむ》り去られるのだ。

Cさん、これが大部分の自己表現者の生き方なんですよ。それを知らねばならない。そして、それがいかにきついことかを知らねばならない。金が入らないからではない。家族が責めるからではない。日々刻々と、「こんなことをしていていいのだろうか？」という呟《つぶや》きが全身をずたずたに切り刻むからだ。

ほとんどの「まともな」職業に就いている者には、一つの救いがある。それは、その仕事が社会的に何らかの役に立っているということだ。しかし、こんなにおもしろい書物があふれているのに、自分がいまさら一冊の本を書いて何になろう？　自分は自分のために書きたい。だが、誰にも望まれていない作品を書いて何になろう？　「無駄だ！」という叫びが、自分のからだを押しつぶす。その圧力にめげずに創作すること……それは並大抵のことではないのだよ。

B　よくわかります。**小説を書きつづける膨大な数の者が、数十人が読むだけの同人雑誌にいくつか作品が載っただけで一生を終えてしまうのです。そのことを考え**

ると身が震えてきます。

さきほどは、ずいぶん決めつけた言い方をしたが、もう少し立ち入って考えてみよう。「才能がありながらも報われない」あるいは「才能があリながらも十分に開花していない」と言いたくなる人もいるし、逆に「才能はたいしてないのに仕事上は報われている」とか「才能以上の扱いを受けている」と言いたくなる人もいる。何を言いたいのだろう?

ここでも、天才たちのことは放っておこう。ゴッホやカフカの生涯を研究しても、なんの慰めにもならない。時代に先駆けていたがゆえに理解されなかった天才たちのことはもういい。あなた方の誰ひとりとして、そういう悩みを抱えて、いまここに集まっているのではないのだから。

才能とは、何らかのかたちで少なくとも一度は外に現れ出るものでなければならない。かつてすばらしい才能を示した者が、ある時を境にその特定領域からぷっつり縁を切ってひっそりと暮らしている。彼(女)もかつて才能を示したがゆえに、こうしたロマンチックストーリーは成り立つのだ。

しかも、才能をわれわれは固定したもの、からだの中に金の延べ棒のように包み込まれているものとしては理解していない。それは、まさに体力のように、そのつど何らかのかたちで見通せるものであり、成長するものであり、衰えるもの、つまり、変化するものなのだ。

才能はある条件のもとで開花することをもって、さかのぼって潜在的にあったとされるものであり、永遠に開花しない才能は才能ではない。

そして、才能の開花には、ある人との決定的な出会いが、ふと手にした一冊の本が、ある偶然振りかかった体験が大きな手を貸していることがある。だから、もしそのことがなければどうなったかわからないのだ。主演俳優が突然倒れたために代役に抜擢《ばってき》されて、その人の運命が開けることもある。これが掛け値なしの真実である。

若き森光子は菊田一夫に数分会っただけであったが、菊田に強烈な印象を与え、彼の新作『放浪記』に大抜擢されたという。評論家の秋山駿《しゅん》は、若き日に古本屋である本を棚から取ろうとしてついまちがって隣の本を取ってしまった、帰り道でまちがいに気づいた、アルチュール・ランボー『地獄の季節』の小林秀雄訳であった。せっかく金を払ったのだからと読んでみたところ、夢中になった。小林にはまってしまった。そして文芸評論を職業とするまでになった、ということである。

B　つまり、**すべて偶然だということですか？**

そうだね。さしあたりそう言っていい。しかし、そこにはほとんど見通せないほど危ういものだが、成功者に共通な何かがある。成功した者たちは切実に何かを求めている。その求める気持ちは一種の狂気のようなものだと言っていい。彼らはなぜそれほど真摯《しんし》に求めるのか？　芝居でも料理でも哲学でもいい。その自己実現の方法がなかったら、自分の人生はまったく無意味だと直観しているからなのだ。ほかの生き方など考えられないからなのだ。そんなある日、ちょうど禅の悟りのように、彼らの前にある具体的な人物が、事件が降りかかる。彼らは突然ぱちっという運命の音を聞くのだ。

A　そんな謎《なぞ》みたいなこと言われても困りますよ。

いや、成功物語とはみんなこんなものだよ。こうとしか語れないものなんだ。だから、成功した人々はほぼ同じように語る。その運命の音を聞き分けた後、自分は無我夢中であった。ひたむきに精進してきた。何が自分を突き動かしていたかわからない。

だが、何度も「これでいいのか」と自分に問いかけ、「これでいい」と答えてきた。「地獄に堕《お》ちてもこれでいい」と答えてきた。この世のほかのすべてが与えられてもこれが与えられなかったら自分は満足しないであろう、これさえ与えられれば満足だろうと自分に誓った。こうした悲壮な心情も共通である。「たとひ法然聖人《ほうねんしやうにん》にすかされまゐらせて、念仏して地獄におちたりとも、さらに後悔すべからず候《さうらふ》」という親鸞《しんらん》の決意と同様である。

B　**でも、どんなに決意が強くても成功しないかもしれないんですよね。**

その通りだ。この歳《とし》になって肚《はら》の底からよくわかること、それは同じような音を聞きながら、成功しなかったおびただしい人々がいるということである。ほとんど同じ航路を描きながら、いつしか成功とは無縁の船旅をしている。努力を怠っていたわけではない。カンが狂っていたわけではない。ただ、いくつかの内的外的偶然が重なって、次第に次第に上昇気流から外れていったのだ。

そのメカニズムは誰にもわからない。

こうして、一方では、一握りの成功者は語りつづける。その偶然を語るとき、その渾身《こんしん》の努力を語るとき、彼らはさらに称賛される。こういう仕組みになっている。

他方、何ごとかに賭《か》けたけれど、何にもなれなかった膨大な数の人がいる。何ごとかに賭けたけれど、成功できなかった人があなたのまわりにうじゃうじゃいる。そして、彼らは発言する機会が与えられない。なぜ成功できなかったか語ろうとしても、誰も聞いてくれない。みずからを正当化しようとする敗軍の将には誰も興味がない。こうして、何度もあきらめきれずにため息をついた後に、次第に自分自身から言語を奪って無理にでも納得するように傾いていくのだ。

B　ほんとうに残酷なものですね。

Bさん、じつはもっと残酷なんだよ。さらに非情なことに、成功者はまさに成功しつづけることをもって、ますます人間的に豊かになっていく。そして、失敗者は失敗しつづけることをもって、ますます人間的に貧しくなってゆくんだ。

成功者は、ちょうど幼少から愛されつづけてきた人のように気持ちがおおらかでみずからの才能をよく知っており、魅力あふれた人が多い。みずから運命の女神の寵児《ちょうじ》であることを知っているがゆえに、ますますこだわりのない自由人になってゆく。だが、失敗者は、ちょうど愛されないで育った人のように気持ちがさもしくみずからの才能を直視せず、魅力に欠ける人が多い。みずから運命の女神に見放されてきたことを知っているがゆえに、ますますひねくれた不自由を背負ってゆく。

こうして、成功者はますます成功する要素をそのうちに育ててゆくのに対して、失敗者はますます不成功の要素をみずからのうちに沈殿させてゆくというわけだ。

C　私は完全に失敗者ですから、わが身に照らしてその残酷さは身に沁《し》みてよくわかります。私は仕事ができず何ごとにも自信がないので、自分でも魅力に欠けていると自覚しています。**はじめは、自分に魅力がないから仕事ができないんだと思っていましたが、どうもこの歳になると、そうとは言えません。むしろ逆ですね。私の無能力が私をますますつまらない人間にしていますよ。**よくわかるんです。

Cさん、ずっと感じていたことなんですが、あなたは正直に語る才能がありますね。それは、とても貴重なことですよ。そして、稀《まれ》なことですよ。

さて、成功者は「強者の論理」を恐れることなくぶつけてゆく。それは、潔《いさぎよ》い論理であり、男らしい論理である。実力のみでぶつかることを喜ぶ論理、自信に満ちているので、自分より能力のある者から目をそむけない論理、人間の能力の不平等を素直に認める論理、だから、能力のある者からは何でも学んでやろうとするしごく健全な論理だ。

こうして、自由な境地に遊ぶことができるのは、彼らが成功してきたからなんだ。彼らの成功が彼らをますます自由にさせるんだよ。この強者の論理のまともさに（この現代日本で）誰が反対できよう。だからこそ、こうした論理はますますすくすくと伸びてゆき、みずからの正しさを確証しつづけるのだ。

小澤征爾のように、長嶋茂雄のように、イチローのように、中田英寿のように、坂本龍一のように、「才能のおぼっちゃん」は天真爛漫《らんまん》の自然体なのだ。なぜなら、それが許されてきたからである。気取りがなく、構えがなく、肩の力を抜いている。喜怒哀楽が自然である。なぜなら、世間で生きてゆくためのさもしい技術を学ばなくともやってゆけるからである。だから、彼らはますます魅力的になるのだ。

B　その印象は私も同じですね。**なんで、ああした抜群の成功者たちは容貌《ようぼう》も感じがよく人間としてもじつに魅力的になってしまうんだろう**、といつも不思議でした。

なにも天才的な芸術家やスポーツ選手の世界だけではない。はるかにつつましい夢、そうだなあ、板前になりたい、大工になりたい、看護婦になりたい、保育園の保母さんになりたい、という夢にしても同じこと。ある人は成功しある人は失敗する。そして、成功者と失敗者はそれぞれ同じような匂《にお》いをからだにまとうのである。

数回『愛の貧乏脱出大作戦』というテレビ番組を見たことがある。貧乏のどん底に堕《お》ちた食べ物屋の主人を、一流料理人のところで荒修業させて、みごと店をたて直させるという番組である。かならず亭主思いの妻とかわいい子供たちが出てきて、その家族のためにお父さんが必死にがんばるという図式であり、かならず武者修業先の師は、とっておきの人生訓を垂れるという図式である。そして、みんな言うことは同じ。「料理は心だ!」。このへん、少々尻《しり》がこそばゆくなってくるが、それに耐えて見ていると、なかなかおもしろい。

何度見ても私の目に鮮やかに焼きつくのは、その貧乏料理人と一流料理人との「人間」の違いである。前者はおどおどしており、何ごとにも自信がない。顔つきも貧相である。からだの動きもだらっとしている。この男はこれまでの人生において何ごとにも賭けてこなかったな、という鮮明な印象。逃げて逃げて逃げまくっていたな、という印象。だがもうごまかしが効かなくなった。どうにかしなければならないが、どこをどうしていいのかわからないといった印象。なぜなら、自分の力で何ごとかを切り開いてきたという体験が何もないのだから。

それに対して、後者の一流料理人は自信にあふれているのみならず人間味にあふれている。顔つきにも味があり、しまりがある。からだの動きにめりはりが付いている。現状に満足せず常によりよいものを目指すひたむきさがある。どんな権威にも屈しないだろうなあ、どんなに金を積まれても、不味《まず》いものを旨《うま》いとは言わないだろうなあ、彼の目標は金や権力ではない。ただの料理人だろうなあ。そこだけで勝負したいのだろうなあ。こういう印象がからだ全体から立ちのぼってくるのである。

こうした要素は当人が意図的に獲得したものではない。その意味でまったく偶然だね。それにもかかわらず、一般に才能・資質・環境・容貌などよいものを与えられた人は成長するにつれてますますさらによいものを獲得してゆき、それが与えられなかった人はますます悪いものをからだの中に沈殿させてゆくというわけだ。

D　あのう、わからないこともないんですが、あまりその点ばかり強調されると「そういう場合ばかりではない」と言いたくなるんですが……。つまり、**成功した者にもとても厭《いや》な奴《やつ》はいる。いや、創業社長のように、成功したがゆえに、傲慢《ごうまん》で**

単純で厭みが鼻につき一挙手一投足が臭くてたまらない者もいる。美人であって知性のかけらもない者、心が泥のように汚い者も限りなくいる。

そういう反論はわかっているつもりですよ。つまり、ひとことでいえば万事さまざまであって、いかなる断定もできない。それはその通りなのだ。

だが、私はいま意図的に世間であまり言われていないところ、世間の人々が薄々知りながら言うのを避けていることを拡大して語っているんだ。

なぜか？　世間の人々は不平等や理不尽に耐えられず、つい納得したいという衝動に駆られてしまうのだから。例えば、大学受験の英文解釈の問題には「金持ちがかならずしも幸福ではない」という例文ばかりが出る。しかし「貧乏人もかならずしも幸福ではない」ことは、誰でも知っている。「美人って性格が悪いのが多いじゃないですか」という台詞《せりふ》はよく耳にするが、残酷なことにブスで性格が悪いのは星屑《ほしくず》のように多いのである。ただ、あえて自他を傷つけないで集団催眠に陥ろうとするために、そう語らないようにしているだけさ。

私は理不尽を見ようとしない世間の風潮に無性にいらだっているから、悪趣味にもあえてこう言っているんだよ。理不尽から目をそむけるのではなく、それを直視しなければ、解決はありえない。ここには、いかなる解決もないのかもしれない。しかし、そのことを知ることはそれを覆《おお》い隠すよりはるかに実りあることだ。

D　でも、**いかに理不尽であるにせよ、何らかの仕方で仕事を評価しなければ、社会は成り立たないという面もありますよね。**

そうなんですよ。私はあらゆる評価を即刻やめよ、と言っているんじゃない。そうではなく、評価とは繊細な精神をぐいと抑え込んでしかたなくするものであること、必要悪であることをどこまでも自覚せよ、と言いたいんだ。評価する者は、どんな場合でも公正な評価をしたと自画自賛してはならない、と言いたいんだ。

さらに言いたいことは、こうした必要悪を骨の髄まで知りながら、とくに権威的な評価をわれわれは重んじてしまう、その理不尽を自覚せよということなんだ。

事態は恐ろしく込み入っている。「だから、どんな評価も信じられない！」と叫んでオワリにするような社会的未発達な態度を、私は奨励しているわけではない。私自身、理不尽を痛切に感ずるが、それでもなるべくこの不条理を呑《の》み込もうとしているのだから。私は才能や境遇や偶然という要素がいかに見きわめられないものであるか、よく知っているつもりでありながら、やはりモーツァルトやシューベルトを二流作曲家より、グールドやギーゼキングを二流ピアニストより尊敬してしまっているのだから。そして、自分自身成功することを成功しないことより望んでしまっているのだから。評価されないより評価されることを期待してしまっているのだから。

B　それは当然のことではないでしょうか？

いやいやそうではない。ここのところをもっと細かく見なければならない。みんな、すっ飛ばして見ないようにしているんだからね。

多くの人、とくにみずから才能あると自覚している人は、生身の人間が偶然的に下す評価を軽蔑《けいべつ》する。そして、彼らは恐ろしく単純なことに普遍的＝絶対的評価という信仰にすがるのだ。だが、私が言いたいことは、たとえそういう不動の評価があるとしても、それこそ理不尽のきわみだということ。なぜなら、それこそ「才能」という各人に偶然的に与えられたものに依存するのだから。ラファエロやミケランジェロに、たまたま偶然的に与えられたものなのだから。

さて、前にもしつこく言ったが、世の人々は不遇の天才物語は大好きであるが、優遇されすぎた凡才物語は嫌いなのだ。生まれつき与えられたもの（これが何かよくわからないのだが）のみを尊重し、その後の人生で与えられたものを尊重しないことも、けっして正しいことではない。人生における偶然と同じほど、いやそれ以上に生まれつきの能力は偶然的にその人に与えられるのだから。

D　何を問題にされているのか、だんだんわかってきました。

　さらに具体的に考えてみよう。自分の能力以上に評価されないと思っている人はたくさんいるであろう。彼らは次のように呟《つぶや》く。自分は能力において、羽振りのいいAやBよりはるかに勝っているのに、付き合いが下手だから世間知がないから彼らに先を越されてしまった。つまり、彼（X）によると、AやBは不純でずるい人間なのであり、自分は純粋で誠実な人間なのだ。

　こうした怨念《おんねん》の呟きも大まかに二種類に分かれる。一つは、実際に誰が見てもXはAやBより能力において勝っているという場合、もう一つはそれが幻想である場合である。そして、両者が容易に見分けがたいことから、真の悲劇が生ずる。

　勝者、つまり日の当たるところにいる者は、こうした黒々とした怨念に、ことにそれが自分の身近にくすぶっている場合、全身で警戒する。そして、大体の場合ずるいことに、次の二つの態度を適当に混ぜ合わせて適宜使用する。

第一は、とくに本人の前や本人に好意的な人の前では、そのXに適当に口を合わせる。「ほんとうに世の中っておかしいなあ。この無能なぼくが教授で有能なきみが無職なんだから」というふうに。だが、本心からこう確信している者はほとんどいない。安全なところでは、「彼（X）もああ僻《ひが》んでばかりいちゃますます駄目だね。何しろ勉強が足りないよ。僻みばかりが強くなって、学力はますます低下していることがわからないのかなあ」というふうに。

普通の場合、所を得た者はますます努力し、所を得ない者はますます努力から遠ざかり、こうしてかつてはXの呟きに一条の真実が輝いていたのが、一〇年の後にはただの僻みとしか見られなくなっている。こうした残酷な現状が多いのである。なぜなのか？　普通、同じほどの能力（測れると仮定しておこう）の場合、所を得た者はますます伸びてゆき、所を得ない者はますますかじかんでゆくからである。

そして、その地位が自分にとって少々重荷である者は、適当な虚栄心と賢さされ備えていれば、まわりの者からとやかく言われないためにも自分の痩身《そうしん》に鞭《むち》打ってがんばる。こうして、はじめのころはおかしな人事であると首を傾《かし》げていた者も、一〇年が経過するとその人事を断行した教授の炯眼《けいがん》を認めることになる。

不遇な者には酷であるが、こうして一〇年経《た》つと、差はどうしようもなく開いてしまうんだよ。

C　いま言われたことは、会社にいるとよくわかります。
私は人生において勝者側の人々と敗者側の人々を過不足なく知っているので、両者がよく見えるんだよ。勝者は傲慢な態度に出ることもない。なぜなら、傲慢にしなくとも自然に自分は他人によって評価されているという実感を得ることができるのだから。そして、こういう人がその優位な地位にもかかわらず腰が低いと、謙虚だとさらに褒められることになる。

だが、不遇な立場にいる者が泰然としていると、なまいきだということになる。愚痴を繰り返すと、うるさいということになる。ちょうど、美人が「私、自分のこと綺《き》麗《れい》って思ったことないの」と言えばますます好かれるのに、不美人が「私、自分のことブスって思ったことないの」と言えばますます嫌われるように。世間の人は、その不遇がいかに偶然の結果であろうと、それを切り捨てるのである。

C　私もそういうことが重なって、次第に自分を縮こめてきた感があります。

この社会的不正義は、私にとって永遠の難問だ。ここには、さまざまな変形した不平等が隠されている。

能力のある不遇な者は、おうおうにして能力主義者である。しかも、専門的能力一元主義者である。それは一つの整合的な立場であろう。しかし、彼らはややもすると専門能力の劣る者に対してまったく不寛容な態度をとる。彼らが人間としてゼロであるかのような発言さえする。

とはいえ、逆に専門能力劣等者が専門能力優秀者より道徳的に勝っているわけではない。彼らが正しいわけではない。だが、今度はおうおうにして、社会的制度における敗残者は同じ制度内の成功者より道徳的に正しいという論理にもたれかかる。つまり、よくよく考えてみると、どちらも正しくはないのだ。心情の醜さにおいては、同じ穴のムジナなのである。

だから、何度も確認しておくが、どう動いてもわれわれは無条件に道徳的に正しい行為はできないのだ。それを志すことはできる。しかし、実現できないのである。

B　私、頭よくないんですが、今おっしゃったことは心にずしんと響くようにわかるんです。**私たちは、生まれつき各人に与えられたものは偶然だという不条理を悲しくなるほど知っているにもかかわらず、そのことには目をつぶって、それ以外はできるだけ偶然を排してゆくふりをする。そうすると、ますます生まれつき才能や能力の勝っている人は正当化され、そうでない人は地団太を踏んでも相手にされなくなるわけですね。**

うまく表現してくれたね。前近代は出自や身分によって人は差別されていた。つまり、身分が低ければたとえ能力があっても「人の上に立つ仕事」はできなかった。それは、いまではたいへん不当なことだとみなされている。しかし、近代以降は能力の不平等だけは認めて、それ以外の不平等を一切認めないという社会である。能力の優れた者も劣った者も、同じスタートラインに立って走ることを余儀なくされる社会、そしてその結果を重んじる社会である。それは、やはり同じほど残酷な社会なんだ。

C　すみませんが、もうその話はたくさんです。気が滅入《めい》ってきます。では、**先生は**

こうした理不尽に対して、いったいどうすればいいと言うんですか？

なかなか難しい問いだ。どうしようもないとすら言えると思う。だが、それもまたなげやりな態度だ。私がまず言いたいのは、ここに潜む複雑怪奇なわれわれの態度をようく見据えよということだ。成功者はやはり優れているという単純化も、すべてが偶然だという単純化も、同じように思考の怠惰な中断によるものだ。もちろんケースバイケースですという逃げ方も、ひどく思考がたるんでる。

そうではないんだ。すべてがわからないことながら、われわれは称賛したり非難したりすることをやめるわけにはいかない。結果をそのまま評価することがいかに理不尽でも、やはり結果における成功者を尊敬してしまうのだ。さしあたりは、この理不尽をしっかりと見据えるしかない。そして、みずから生きることを通じて「これでいいのだ」と耳元でささやく声に引き込まれないようにするしかない。評価することと評価されることを断念するのではなく、評価し評価されて苦しみつづけるしかない。なぜかと問いつづけるしかない。

B　もう少し具体的に言ってくれますか？

一方で常にここに潜む理不尽を自覚し、他方でその理不尽を呑み込んでいる自分を自覚する、という二重の運動を忘れてはならないということだよ。仕事の評価を下す場合には、常に醒《さ》めていなければならない。成功者に熱狂するんではなく、その結果を尊重しながらも同時にそれが偶然であることを見つづける目も養うこと、失敗者をとっさに軽蔑するんではなく、無理にでもそこに残酷な不条理が働いていることを確認する目を養うこと。しかも、成功したからずるいのだとか失敗したから真摯《しんし》なのだというような符号を逆にしただけの操作ではなく、いきいきとした複眼的な目を養うことだ。ここから哲学につながるんだけどね。

Ａ　ずっと黙っていましたが、**そんな話を聞くともっと社会に出るのが怖くなりますよ。**

いや、よく考えていないから、きみはそう言うんだよ。私は学生時代、来る日も来る日もこの理不尽をどう解決しようかと頭を悩ませていた。そして、そうだなあ、頭が痺《しび》れるほど考えたすえに、いま私が言ったようなこんがらがった結論に達したのだ。

そのとき到達した結論は割り切ることはよそうということだ。この世界が理不尽であるのなら、その理不尽を味わい尽くそうということだ。

じっさい、理不尽をとことん考えるとむしろ社会に出やすくなると思うよ。すべてが最終的には偶然でありながら、しかも結果で評価されてしまうという理不尽を繰り返しているんだから、社会とはそういう仕組みなんだから、もうそれについて身がもたなくなるほど考えることないんだ。あとは、具体的に生きることを通じて、仕事を通じて、それを確認してゆくしかないんだ。

考えてみれば、この世に生まれてきたこと、いや勝手に生まれさせられてきたこと、そしてまたすぐに死んでいかねばならないこと……こうした不条理の大枠によって人生はかたちづくられているんだから、その大枠内の人生が理路整然としているわけもないじゃないか。

A　そのことは、よくわかっているつもりです。

A君、もうきみは十分考えたのだから、自分にはたして能力があるのかどうかという問いをここで断ち切ってしまおう。それは、あくまでもやってみなければわからないのだ。同時に、その仕事に生きがいを感ずるか否《いな》かという小綺麗な言葉などぐいと呑み込んでしまおう。それも、最終的には仕事を通じてでしかわからない。

だから、何か具体的に仕事にとりかかろう。きみのからだを仕事の方向にもってゆこう。ニーチェとともに言えば「きみのからだは、きみの頭脳が知らないことを知っている」んだ。それを信じよう。

ある程度考えたら、もうあとは動きだすよりほかはない。仕事に対する適性を知りたいのなら、仕事につくよりほかないのだ。

A　そのことはだんだんわかってきました。

では、ここできょうのところは終わりにしようか。あっ、Bさん、質問かね？

B　最後にひとこと言わせてください。私、自分に才能がないことを自覚してきましたけれど、そして辛《つら》い思いをしてきましたけれど、きょうのお話を聞いて少し道が開けてきたような感じです。少なくとも一つのことははっきりわかりました。つまり、**よくよく考えればすべて理不尽だということ**。ただ、**私たちは理不尽じ**

ゃないふりをしているだけだということ。そうでもしなければ、辛くて不安でたまらないからです。私に才能がないことも理不尽であれば、才能のある人が不遇であることも理不尽であれば、才能のない人が過分に報われていることも理不尽なんです。**そう考えると、私ほっとしたんです。**少なくともここ当分は、小説を書きつづけていけそうです。

それはよかったですね。

4　仕事と人間関係

きょうは、仕事と人間関係について語り合おう。職場での人間関係に悩んでいる人は多いと思う。仕事自体より、仕事を共にする人間たちにやりきれなさを、違和感を覚え、どうしても協調できない。自分の不寛容が元であるのか、それともあの人の自分へのいじめが元であるのか、わからない。しかし、とにかく職場にはそれをすっきりさせることができない雰囲気が漂っている。このまま行くと、ノイローゼになってしまいそうだ。でも、誰にも相談できず、いや相談したとしても解決は見えてこない。

仕事にまとわりつくこの人間関係というものに、少なからぬ者は痛めつけられ苦しみ喘《あえ》ぐわけだ。だが、残念ながら、独りでできる仕事は少ない。灯台守やタクシーの運転手など、物理的に孤立した空間内でできる仕事もある。しかし、もちろん彼らも組織の一員であり、人間関係を絶って仕事をすることはできないんだ。

長く引きこもっていた私が、自分のからだに鞭《むち》打って外に出るところまではどうにかたどり着き、仕事がどうにかできても、そこには膨大な数の人間が生息していて、私を四六時中取り囲み監視する。回転している独楽《こま》が倒れないように、私は刻々彼らと戦わねばならない。それは、高度かつ危険な曲芸であり、倒れてしまうことが恐ろしくてたまらない。自分が傷つくのが怖いだけではない。私が他人を傷つけるのが怖い。

私は布団《ふとん》の中でさんざん考えた。どこかに、たった独りでできる仕事、しかも自己満足できる仕事は転がっていないものだろうか？　俺のような敗残者には明るい職場は怖く、なるべく暗い職場がいい。刑務所の看守になろうかなあ。警備員もいいなあ。だが、これらの仕事は危険が伴う。殺されてしまうかもしれない。

私は人生に絶望していたのに、とにかく危険な目に遭うことが怖かった。生きる力が極小にまで低下している。からだに外傷を受けるのが怖いばかりではなく、心に傷を負うことも無性に怖い。些細《ささい》な傷でも、よろけるように外に出た私を徹底的に打ちのめし、生きていけなくなるのではないかと心配した。

危険がなく、責任もとらなくてよく、ひと聞きがよくて、しかも暗い職業は何か？　ああ！　それこそ哲学者なのだった。しかも、哲学でメシを食っていける唯一《ゆいいつ》の職業は、大学教師なのだ。大学の哲学教師の仕事にありつけば、世間の人々は私を放っておいてくれる。私の孤独癖を追及することはなく、私を尊敬さえしてくれる。私はそうした実用的な意味で、なんと大学教師のポストがほしかったことだろう。真理なんかわからない、善悪なんかわからないと四六時中うそぶいて、しかもそれで生活が成り立ち、世間から抹殺されず尊敬される唯一の職業、それが喉《のど》から手が出るほどほしい。

しかし、修士論文を書けなかった私は、それをどうしてもあきらめざるをえない。それゆえ、私は布団の中から出られなかったのである。わかるだろう？　私の願望は不純の極致だったんだよ。

私は、ただ真理がわからなかったゆえに、「哲学病」に陥ったゆえに、引きこもったのではない。大学教師になって世間の牙《きば》から身を守りたいという不純な動機の含有量のほうが、よっぽど高かったのだ。そして、こうした不純な動機のために、私が大学という場に留まることができなかったことは、いまだから言えるのだが、自分を鍛えるうえでたいそうよかったと思っている。

自分がこんなにも不純であったこと、しかもその不純を貫けないほど不器用であったこと、それは変な言い方だが、いまや自分の自信にさえなっているんだ。自分がいかに俗物であるか、そして不器用者であるかを痛いほど知って、むしろほっとしている。自分はこの程度の男なんだと悟って、むしろ安心しているんだよ。

さて、と私は毎日考えていた。俺の人生プランが根底から崩れてしまった。でも死にたくない。死をまだ解決していないのだから。では、こうしたぼろ雑巾《ぞうきん》のような俺が生きるには、いったいどうしたらいいのだろう？　どんな仕事をしたらいいのだろう？　その場合、私には一つだけはっきりわかっていることがあった。それは、自分がくずおれてしまわないためには、絶対に「美しい敗者」にならなければならないということであった。自分が納得した美学を生活の隅々にまで浸透させなければならない。そうでなければ、俺が生きる価値はない。

私は、じつは前回にA君が言ったことがよくわかるんだよ。わかるからこそ、激しく反発したんだよ。大学教師の職にあぐらをかいて生きることではなくて、カフカのように、宮澤賢治のようにむしろ平凡な職場で静かに生きること、それこそよく生きることだとまさにそのころの私は考えていた。

しかし、まもなくそれが自己欺瞞《ぎまん》だということがわかった。彼らが輝いているのは天才的な詩人であり小説家だからであって、それを与えられていない私が彼らの生活の外形だけ真似《まね》しても虚《むな》しいということがわかったからさ。

でも、私はあきらめなかった。表現の才能はないけれど、知的職業についてはいないけれど、美しく生きている男たちを探し当てようとした。カフカの『城』に登場してくる測量士なんていいなあ。吉行淳之介の『砂の上の植物群』に出てくるくたびれたセールスマンもいい。ダム建築に携わる三島由紀夫の『沈める滝』の主人公もいい。みんな、孤独で清潔で美しい。

こんなことを、数カ月も布団の中で考えていたんだよ。それが小説の中だけの美しさだということもわかっていたから、実際にそういう職業を求めて動きだしはしなかったけれどね。

さて、自分自身の体験談はこれくらいにして、引きこもりの「現行犯」であるA君はやはり、人間関係を恐れているんじゃないのかね？

A　先生の言われたこと、とてもよくわかります。そうなんです。**ぼくは仕事はどうにかこなせるかもしれないけれど、どこに行ってもたぶん人間関係がうまくいかないだろうと思って恐れているんです。**でも、**先生とちょっと違っていて、自分は他人とは絶対に協調できないことを知っているからです。**他人がたくさんいるところに出ると、なんだか自分が吸い取られてしまうようで怖い。自己防衛のためにから威張りし自分が溶け出してしまわないように身構え、はじめから反抗的になる。それがまたよくなくて、たちまち変な奴《やつ》だと見られ、その場にいられなくなるんです。

なるほど。私の感受性とは少し異なっているとは思うが、それなりによくわかるよ。もっともらしく分析したくはないが、きみはやはり自己愛が肥大しているんだと思う。何ごとかと思うほど、自分を守ることに汲々《きゅうきゅう》としているんだよね。それがわからない鈍感なつまりアホな「普通人」たちは、たちまちその臭気を嗅《か》いで「何さまだと思ってやがるんだ」とか「そんなに大切な自分なのかよ」とかの態度で反発してくる。もっと柔和なかたちでも「自分がそれだけ可愛《かわい》いんなら、他人の気持ちも考えてよ」という、さらに臭いお説教を発射するんだ。

きみは、自分をそれほど必死に愛さざるをえないほど、どこかで傷ついているのだろうが、それはおいておこう。私の提言はただ一つ、世間の健康な人の言葉を信じなくていいということだ。きみは、そうしたきみをそのまま受け入れればいいんだ。これから、その自己愛のためにきみはたいへん苦労する人生を送ることだろう。だが、それはある意味できみの運命なのだから、ニーチェが言うように、それを「愛する」

しかないんだよ。

A　なんとなくわかりますが、何だかお話が抽象的なので、先生の体験をもう少し聞かせてくれませんか？

そうか。蓋《ふた》をしておかねば臭くてたまらないようなひどい体験談だが、きみにとって何らかの役に立つのならしてみようか。きっと、こんな話を聞くときみははるかに自分のほうがましだと自信をもつだろうからね。

五〇歳を過ぎたいまなお、私にとって他人とはまずもって私を侵害する存在者なのだ。警戒を怠っていると、たちまち私の固有の存在を社会化しよう、普通化しようと企《たくら》み、執拗《しつよう》に迫ってくる。私の固有の感受性を削《そ》ぎ落とし平均化しようとし、みんなと同じ感受性を注入しようとする。

それは、前にも少し触れたが、私が小さいころから人並みなことができないでたいそう悩み苦しんできたからなのだ。いわば「普通恐怖症」という名の病気をしょっているわけだね。小学生のころから、普通でありたいと願っても、スポーツはまるで駄目だし、偏食だらけだし、そしてたえず死ぬことに怯《おび》えていた。いつもいつも「ぼくは死ぬ」というおまじないを唱えていた。授業中はまだいいのだ。何よりもクラスメイトたちの何気ない集まりが、うちとけた雰囲気が怖い。からだが硬直してしまい、挨拶《あいさつ》さえできなくなってしまう。

それでも、大学受験という至上命令によってもちこたえていた。つまり、これも大多数の高校生と逆なのだが、私は大学受験だけがよりどころだった。受験勉強だけが楽しかった。充実していた。なぜなら、そこでのみ私は勝者であったから。こんな台詞《せりふ》、いまだから言えるんだよ。わかるだろう？　受験勉強はみんな苦しむものであって、それだけが救いだという発想そのものが許されないことが。

だが、大学に合格したその日から、私のからだに冷たい風が吹くようになった。何をしても虚《むな》しく、いや何もしないうちに、すべてが色あせてしまった。人生が厭《いや》になった。もちろん恋愛も友情も何もない。他人が厭でたまらないのだから。そして、そんな自分がもっと厭なのだから。

そして、教養課程二年目の後半に、どうしても法学部には進みたくなく、教養学科の科学史科学哲学分科というところに進路を変更したものの、やがてそれにも嫌気がさして引きこもるようになったんだ。細かいことをはしょって言うと（ここらのことは『孤独について』《文春新書》に書いた）、それでもどうにか布団から抜け出し、自分をだまして哲学科の大学院にもぐり込んだが、そこで認識論や存在論や西洋哲学史に関して膨大な知識を得ても、やはり私がいちばん知りたかったこと、つまり「どうせ死んでしまうのに、なぜ生きるのか」という問いに答えてくれなかった。この問いが、修士論文を書いて研究者になることを妨げたということさ。

いま冷静に考えると、まさにそのときが私が自分をだます限界に達していたときなのだ。私がいちばんしたいことは哲学の研究ではない。そうではなくて、死んでしまうこの不条理を解決することなんだ。そういうことが、そのとき痛いほどよくわかったよ。

A　そこのところが、まだよくわからないんです。もう少し説明してくれますか？

そうか、しかたないなあ。

修士課程のとき、私は論文さえ書けば安泰で安全な生活が待っていると思っていた。だが、自分の中で「それでも虚しい。それでも死んでしまう」という声が次第に凶暴なほど荒れ狂っていった。こうしたいきさつを反省してみるに、いまだから言えるんだが、私はなかなか自分も捨てたもんじゃないと評価しているんだよ。つまり、ごまかし通すことができない自分の不器用さに、喝采《かっさい》したいのだ。

こう考えられる。哲学科の大学院にどうにかもぐり込み、さあ俺は死の不条理という年来の俺のテーマに埋没できるとほっと油断したすきに、抑え込んでいたホンネが解き放されてしまった。小学生時代から自分の中に一つの不発爆弾のように潜ませていた問いが炸裂《さくれつ》してしまった。

もう自分をごまかすことはできない。精密なカント研究なんかしても、死の不条理は解決できそうもない。だって、こうしているあいだも死は刻々と迫っており、今夜死んでしまうかもしれないんだから。

私の神経は次第に荒っぽくなっていった。精緻《せいち》な思考を拒否するようになった。いかなる認識論も存在論も倫理学も死にまっこうから立ち向かっていない。いかなる人生論も幸福論も死をごまかして平然としている。事実は単純じゃないか。勝手に生まれさせられて、あっという間に死んでしまうという不条理だ。これを解決するには、どうすればいいのだろう？

私はほとんど夜毎《よごと》にそう考え、身を震わせ、「やっぱり駄目だ。何をしても駄目だ」と呟《つぶや》きつづけていた。大学紛争華やかなころで、安田講堂事件とか浅間山荘事件とか三島由紀夫の自決とかのおぞましい事件が世間を彩《いろど》っており、そんな私にとってはなかなか心地よかった。私の足は次第に大学から遠のき、毎晩のように夜の街を飲み歩いた。

このままずっと、軽薄に軽薄に何も考えずに生きつづけよう。死が怖くなくなるほど、徹底的なアホになろうと意図した。世界を放浪して、のたれ死にしようか。とにかく他人が厭だった。だから、独りで生きることだ。

だが、こうした青年に典型的なように、頭で考えていることは華々しいのだが、実際の行動はまるでたくましくなく世間が無性に怖いから、一転して自分の部屋に閉じこもるようになり「死んだように生きよう。ずっと寝て過ごそう」という考えが支配するようになったんだ。

ここには、いまから考えると、親に対する復讐《ふくしゅう》が大いに作用していることがわかる。生まれさせられたことに対する復讐という単純なかたちではない。一種の家庭内暴力で、こんなに生きにくい人間に私を育てたことに対する責任を、親はとるべきだという変なロジックなんだ。だから、親を困らせることに全力を尽くすというわけさ。それも陰湿なかたちで。親の最も困ることをしてやる。うちの親は世間体を最も重んじたから、それを徹底的に爆破してやる。大学にも行かず仕事にもつかないで、ずっとうちで寝ていてやる。親としての、世間人としての虚栄心をこなごなにしてやる。すぐ近くにいて、えんえんと苦しめてやる。そんな気持ちかなあ。

同時に、いったん自分の額に敗残者という文字を刻印してしまうと楽になった。もう、がんばらなくてもいいのだから。もう、誰の期待にも応《こた》えなくていいのだから。このままずっと寝つづけて、ミイラのようになって死んでもいいかなとも思った。長い苦しい少年時代・青年時代を経てやっと休息の時が来たと思った。

Ａ　でも、**先生はそれからいままで二五年間ずっと寝ていたわけではないですよね。**

そうなんだ。やはり、親を責め自分を責めて、そのまま引きこもって死んでいっても、虚しいだけだからね。もちろん、これでいいとは思っていなかったよ。ほっとしたと同時に、「どうにかしなければ」という叫び声も消すことはできなかった。さっきも言ったが、親はいずれ死ぬのだし、いずれ社会に出て仕事をしなければならない。何年も引きこもった経験のある男に対して、どんな場所を社会は準備してくれるのだろう？

みんなが暗い顔をして死について考えつづけている地下牢《ろう》のような社会なら入っていけるかもしれない。孤立した人々がなんの希望もなく互いを軽蔑《けいべつ》し合っている凍りついた社会なら入っていけるかもしれない。

しかし、現実の社会は、みんな死について忘れたふりをし、明るく振る舞いつづけ、冗談を言い合い、希望にあふれ、励まし合い、協力し合い、慰め合う社会なのだ。温かく明るい社会なのだ。それは、あまりに恐ろしい！

私はごまかすことができないから、他人を愛することができないから、他人を思いやることができないから、そこに入れないにちがいない。私は、そうしたゲームに参加できないから、そこに入る資格がないにちがいない。私は、たちまちその温かい普通の社会から犯罪者として追放されてしまうであろう。そう思って恐ろしかった。

こんな私が、一二年に及ぶ大学生活のうちで一度真剣に（？）職を求めようと動きだしたことがあった。大学院で修士論文がどうしても書けないと悟り、大学院を中退した。さて、しばらく家で寝ていたが、新聞の求人広告を毎日見ることはやめなかった。一日に一つ自分でも勤まりそうな会社を見つける。だが、実際に布団《ふとん》から起きあがり、わが家の門から外に出て、電車に乗り、その会社に到達するまではたいへんな勇気がいる。何度も試み、家の門を出てすぐに引き返すこともあり、駅の手前で引き返すこともあった。

寝ていたあいだに、自分のからだは社会的適応力を失ってしまったのかもしれない。

乗車券がスムーズに買えないかもしれない。さっとホームから電車に乗り込めないかもしれない。みんなに変だと思われ立ち往生するかもしれない。そうしたら、どうしよう！　そう思って、途中で引き返してしまうのだ。

そんなことが何度も続いた。そのうち、電車にはうまく乗れたが、会社に就職の問い合わせに行く勇気はすでになくなっている。だが、親にはそう伝えて出てきたのだ。親もやっと本腰を入れてくれたかと出がけにあんなに喜んでいた。おめおめこのまま帰ることはできない。

私は山手線に乗りいつまでも、そうだなあ五時間もぐるぐる回っていたかなあ。そして「どうだった？」と喜び勇んで玄関まで駆けつける母親の顔めがけて「受けなかった」と答える。その期待に満ちた表情がしゅんとしぼむと、復讐が成功した快感がからだを貫く。簡単に世間に戻れると信じているおめでたい顔に唾《つば》でも吐きかけてやりたい。

こうして、また私は傷を癒《いや》すために一週間は寝ているんだ。そしてまた明るい街に出る。だが、途中で歩くのにくたびれて、人々の視線が怖くて、一〇時間も暗い喫茶店の隅にうずくまっていることもあった。

A　ぼくよりはるかに重症ですね。

そうだ。安心しただろう？　とにかく、当時はたいへんだった。こういうとき、人ははずみで死んでしまうのだ。いまから考えても、とても危険だったと思うよ。死ぬのが怖いことなんか、なんのブレーキにもならないからね。むしろ、死刑囚のように、こんなに日々刻々と死に怯《おび》えているのが辛《つら》いからこそ、いっそ死んでしまおうとさえ思うからね。

歩くだけでこんなにくたびれるのだから、そんな男は生きてゆく資格はない。死んだほうがましだ、と坂をころころ転げるように転がってゆくのだからね。

それでも、事実として私は死ななかった。いまとなっては、そういう苦しい「リハビリ」を断念しなかったことを評価すべきだろう。そうこうしているうちに、数カ月後にはここだという会社を訪れ、その会社の概要が記載してあるパンフレットをもって帰ることまでできるようになったんだ。

だが、ある会社のパンフレットには騎馬戦の写真がある。私は寒気がしてくる。別の会社のパンフレットには楽しそうに歓声を上げてドッジボールをしている写真がある。私はこれさえなければと思い、恐ろしくてその会社をあきらめるのだ。仕事よりハードルになるのは、新入社員研修である。それは、皮肉にも私にとって越えられないものばかりからなっているのだ。なごやかにスポーツをして、食堂では偏食なしに食べて、みんなで風呂《ふろ》に入り背中を流し合い、独りぽつんとしていることは一刻も許されず……。小学校や中学校のときの林間学校や修学旅行の苦しい思い出が立ちのぼる。クラスのお楽しみ会の辛い思い出がちらつく。なぜ、みんな楽しく活発に生きようとするのだろう？ そういう人しか認めないのだろう？ 独りでいたいことが、うちひしがれて生きることが、なぜそんなに悪いことなのだろう？

こうして、社内広報のあらゆるページが、私にとっては炎熱地獄のような光景なのである。みんな笑っている。みんな楽しそうである。肩を組んでハイキングをしている。運動会でパン食い競走をしている。社員寮では、ホールに集まってギターを弾いている。夏の保養施設、冬の山小屋、すべてが恐ろしい場所である。ああ、こうした生活さえなければ、この会社に入るのだが……。

カインの額につけられた印のように敗残者という印がはっきり見える場所はないものだろうか？ 徹底的に暗く寂しいところはないものだろうか？ 人生の敗残者ばかりが集まっている会社はないものだろうか？ 死ぬことに怯えている人ばかりが集ま

っている会社はないものか？　生きることが厭だと言いつづけることが許される会社はないものか？　働くことはバカらしいと言いつづけることが許される会社はないものか？

そんな会社はないのである。とすれば、こんな望みを抱いている男は、どんな会社に入っても早晩挫折《ざせつ》するに決まっているのだ。いや、面接試験ですべてを見透かされて確実に撥《は》ねられるに決まっているのだ。そして、その通りだったのである。

Ａ　いったい、どうだったんですか？

私はそれでも通りのいい名の会社をいくつか受けた。丸善なら自分に合っているかもしれないと思った。その応募者が五〇人はいると思われる面接会場で、私の面接は惨憺《さんたん》たるものであった。

「きみぃ。ここは小売店ですよ。商売なんだよ。サービス業なんだよ」と面接官に何度も言われた。おまえには向いていない、という宣告だった。

その帰り、書籍部をぐるっと回ってみた。若い女性店員が隣の男の店員といちゃついて薄ら笑いを浮かべている。「あの暗い新入社員、気取っちゃってバッカみたい。

東大出てるんだって」。てかてかした額に汗を滲《にじ》ませた精力的な男が、彼女のからだにむやみに触りながら、にやにや笑っている。私はここには入りたくないと思った。そして、予想通り落ちた。

外資系の保険会社ＡＩＵでは、筆記試験に受かり、何度も面接を受けているうちに次第に耐えられなくなってきて、私は重役面接では全身で受かりたくない意思表示をしていた。「何かこれという特技を示してくれれば採るんですが」とまで言われて、私は黙っていた。背広を着た中年男たちの肩を揺さぶって笑い合うその不潔さにぞっとする。「こうなりたくない！」と心のうちで叫んでいた。そして、落ちた。

全日空の中途採用はあらかじめ人事部に相談に行ったところ、「筆記試験はパスすると思うけれど」と言われた。「バスに乗り遅れてしまって」と担当の社員に言うと「じゃあ飛行機に乗ればいいじゃないですか」と言ってくれた。ふたりではっはっはっと笑ったが、筆記試験で落ちてしまった。膨大な数の男たちが地から湧《わ》いて出たように密集していた。みんな働きたいんだと思った。そして、前後左右の背広姿の男たちをぼんやり見ながら、俺はこいつらと一緒に働きたくないと思った。そこには果てしない常識的世界が広がっているような気がした。

Ａ　それだけですか？

いや、まだまだある。大手は自分に向いていないかもしれない。そこで私は自分のプライドが保てる中小企業を選ぶことにした。

新聞広告を漁《あさ》っていると、知性アイデアセンターという名の企画会社があった。出勤時間自由、服装自由、ジーパン姿の社員もいる。社内で酒を飲んでもいい。ただ、われわれの趣旨に賛同してくれればよい、とあった。電話で「応募します」と言って、その会社が刊行している雑誌を取り寄せたところ、大手にも増して親密な光景ばかり。みんな肩を組んで、おどけた恰好《かっこう》をして、そしてなぜというほど笑っている。不気味なほど明るい雰囲気だ。いろいろなところに旅行に取材に出かけたときの写真である。入社試験は受けなかった。

地味な仕事はないものかと探した。二つあるように思った。一つはクラシック音楽会の企画をする会社。そしてもう一つは機械学会の事務局。大学の事務員もいいかなあと思ったが、知人が大学教授で赴任してくるかもしれないから危険だと思って避けた。だが、両社とも会社まで足を運んだ記憶はない。

哲学の教授をあきらめたからには、そして死にたくないからには何か仕事をしなければならない。しかし、何も、ほんとうに何も心あたりがなかった。自分は敗残者なのだから、暗くいじましく世の中を渡るほかはない。どこかに、自分のような男を受け入れてくれる、そして安息できる暗い場所はないものか？　他人といっさい付き合わなくていい、しかも金をくれるような場所はないものか？

結局、なかったのである。

B　そうですね。あるはずないですよね。

私の仕事不適応の主な要因は、人間関係恐怖症にある。それも普通の人間関係つまり明るい人間関係が無性に恐ろしいのだ。それはなぜなのか、いまだによくわからない。例えば、私は体育がまったく駄目だったので、息子の父母会でたまたま体育館に集合するだけでも怖い。あそこにバスケットのネットがある。あそこにマットが敷いてある。あそこに跳び箱が重ねてある。それらは私を苦しめつづけた拷問具《ごうもんぐ》のようだ。私を嘲笑《ちょうしょう》した生徒たちの顔が浮かんでくる。じっと見回すと、冷や汗が脇《わき》の下から垂れてくる。

だが、これほど人間関係を恐れつづけた私が口を酸《す》っぱくして言いたいことは、こういう社会的不適応者が無条件に優れた人であるわけではないということである。普通人の感受性からずれているることは、大変な苦しみであるけれども、その人が苦しんでいるからといって、苦しんでいない普通人より人間として偉いわけではないんだ。

おうおうにして、次のような論理が罷《まか》り通る。「俺（S）はいつでも世渡りがへたで、こうすれば出世することはわかっていながら、信念からそうはできず、苦しみつづけている。だが、あいつ（T）はいつもうまく状況に適応することができて、とんとん拍子に出世してゆく。しかも、特別苦しそうでもない。生き方がうまいんだ。ずるいんだ」というような論理がね。

私はそういうTも、じつはたいへん苦しいのかもしれない、SにTのほんとうの気持ちがどうしてわかろう、と言いたいわけではない。Tがほとんど苦しみもなく、仕事において成功の階段を昇っていると仮定しよう。そういうことってあるからね。しかし、たとえそうであるとしても、苦しまずに成功した奴《やつ》はみんなずるいんだという評価は、怠惰であり、欺瞞《ぎまん》的であり、けっして正しいわけではないんだ。

割り切ろう、納得しようという衝動をなるべく抑えて、事態を正確に見なければならない。さっきは自分の目標を定めたら、自分の弱点をみんなしょって世間へ船出しよう、と勇ましく言ったが、じつはそれだけですいすい進んでゆけるほど世間は甘いものではない。

A君にしてもBさんにしても、仕事をし出したときから、理不尽との戦いが始まるだろう。そのとき、自分の自己愛に潰《つぶ》されそうになり、自己防衛にくたくたになるだろう。そのうち、うまく仕事をこなしうまく人間関係をこなす人々に対する嫌悪感《けんおかん》が頭をもたげてくるだろう。だが、そういった状態で、いわば苦しんで仕事を続けるからこそ、そこからきみたちは多くのものを学ぶことができる。こうした理不尽な状態を簡単に割り切らずに見据えて、それに苦しむこと、これはたいそう自分を鍛えてくれるのだよ。

B　わからないこともないんですが、お話がちょっと観念的な気がします。

A　ぼくもそう思いますよ。

ああそうか。やはり、相当抵抗があるんだね。とすると、もう少し詳細に説明しなければならないようだ。

仕事において不器用な者、報われていない者の目が正しいわけではない。ここには、既成の制度を批判する者がほとんど必然的に陥る罠《わな》が口を開けている。その批判が情熱的であればあるほど、それは危険と背中あわせである。

みんな知ってるね。権力に対して猛烈に反抗する人は、その態度自体をもって彼（女）が権力的な人であることを示している。こうした人が権力を握ると、あっという間に権力的になることは人類が数千年間目撃してきたことだ。

ここで、じっくりと組織の内と外について考えてみよう。親鸞《しんらん》に「僧でもなく俗でもなく」という言葉がある。「僧」とは組織の中で所を得ている者であり、「俗」とはそれを、さまざまな理由で捨てた者である。さて、僧＝組織の中にいる者は社会性を備え、組織を着心地のよい衣服として自分に慣らしてゆく術《すべ》をこころ得ている。そうした生き方が、とくにこの国では大人として評価されるわけだ。そして、彼らの大部分は俗＝組織を離れた者の勇ましさに表向きの喝采《かっさい》をしながらも、その未熟さに軽蔑《けいべつ》の視線を注ぐ。

俺だって苦労してるんだ。どうにか折り合いをつけて自分の場所を確保することこそ、人生じゃないか。それを、わずかでも我慢することをせず、一四歳の少年のように逃げ出してしまう奴は、社会的未成熟なのだ。どこに行っても勤まるわけがない。客船から離れてボートに乗り込み、大海に船出していった輩《やから》の行く末を見てやろうじゃないか、という態度である。これが僧＝組織の中にいる者という社会的に承認された身分の者のほとんどが陥る短絡的思考である。なぜなら、この大部分はそう思い込みたい衝動から成り立っているのだから。

だが、俗＝組織を離れた者も同じように欺瞞的な短絡的思考に陥るのだ。俗であることに安住して僧を批判する者が、その批判の刃をとぎ澄ませばとぎ澄ますほど、自分は僧よりも正しいという錯覚がその全身を癌《がん》細胞のように侵食してしまうのである。このことを完全に自覚しているのではない。意識と無意識の境界くらいのところで、いつしか自分の言葉に自分が酔ってしまい、自分がまっさきに自分自身の教徒になってしまって、情熱的に何ごとかを語り出すんだ。「会社にいてうまく昇進していく奴はみんなずるいんだ」と暴力的にくくって、反省することがないのである。

C　大学の同級生に会社員としての適性がなくて、**会社を辞めた者がいるんですが、会うたびに会社に順応している者の悪口を言うのには閉口します。**ああはなりたくないって気持ちです。

そうですね。「俺のように才能も魅力もない人間は、あらゆる世間的上昇をさっぱりあきらめて生きるほうが適している」と言うところまではいい。それは彼の個人的信条である。しかし、おうおうにして、こういう自分の「ごまかしのない生き方」のほうが、制度の中でがんじがらめになって生きている人々より真実ですぐれているとみなしてしまう罠にはまり込むのだ。

このことは、カール・バルトが徹底的に考え抜いたことだ。彼は、『ロマ書講解』の中で次のように言っている。

自分が平信徒であることを善事と主張し、それを誇示しつくす平信徒を警戒するがよい。その世俗性を意識し気どって喜ぶこの世の子らを、できればあらゆる坊主《ぼうず》たち以上に警戒するがいい。

問題は、いわゆる「低いところ」がとっくに「高いところ」になったのではないか、低いところにいる者の屈従が悪臭を放つ高慢になったのではないか、（中略）ということである。

（小川圭治・岩波哲男訳、河出書房新社）

あるいは、さきほどの親鸞の言葉をもじって、「僧でもなく俗でもなく」を「純粋でもなく、不純でもなく」と言いかえることができる。不純な者＝組織の中にいる者と純粋な者＝組織を離れた者という対比だよ。純粋な者は組織の中にはいられない。自分を押し殺しみんなに合わせることができる不純な者のみが、組織に居つづけることができるという暴力的短絡思考さ。

だが組織に留まっていることが、かならずしもごまかしている生き方ではない。社会性のある人間は、それだけでずるいのではない。こうした「大人はみんな汚い、ずるい！」と叫ぶような中学生レベルの単純思考からは一刻も早く目を覚ますべきである。これは純粋を振りかざす暴力なのであるから。

たしかに、そういう価値観もあろう。しかし、それは組織から転落した者を一律に人生の落後者と決めつける価値観と同様に短絡的である。

この世には、道徳的に安住できる土地はないのだ。安住しようというしたごころが誤りのもとなのであり、これでもないあれでもないという不断の棄却しかないのである。

B　**「純粋であること」が一つの暴力になりうるというのは、作家などを見ていると**

ようくわかりますよ。私のまわりの作家志望の若い人々には、自分が純粋だから社会に適応できないと思い込んでいる人が多いんです。そのじつ、全然純粋ではないのに。


そうだ。純粋な者が不純な者を裁くこと、これは幾重にも誤っている。

第一に、裁く者が自分は純粋だと信じている誤り。

第二に、裁く者が、たとえほんとうに純粋だとしても、自分に不純な者を裁く権利があると信じている誤り。

第三に、裁く者が裁こうとする者を不純だと信じている誤り。

そして第四に、たとえ彼らがどこから見ても不純だとしても、純粋な者のほうが不純な者よりもえらいと信じている誤りだ。

そして、こうした純粋をめざす者の末路は次のいずれかである。

第一に、世の不純に対する攻撃がやがて自分自身に向いてきて、自殺ないし自己破滅する。

第二に、自分だけは純粋であるという盲目的な錯覚に陥る。

第三に、みんな、本当は純粋なんだと思い込む思考停止状態に陥る。

第四に、みんなが不純なのは社会が悪いのだ、という責任転嫁《てんか》に陥り、心情的革命家になる。

第五に、みんな不純なのはしかたない、こころ根が腐っているからだと、なげやりなシニカルな態度で冷笑的に世の中を見る。

A　**ということは、不純のほうがいいんですか？**

もちろん、そうではないよ。大急ぎで付け加えなければならないが、不純に居直ることも「本願ぼこり」にほかならず、最も怠惰でずるい態度なんだ。「俺は、清く生きるのなんか駄目だね。金も女もほしいし、悪さもしたいし。厭《いや》な奴には死んでもらいたいし。はっはっはっ」と豪快に語る者は、まったく救いようもなく正しくない。こういう人種もじつに多いのである。

C　わかります。でも、そういう人はとにかく自分の信念にそって生きているんですからまだマシですよ。**はるかに駄目なのは、そういうずるい居直りにさえ到達することができない人々です。組織に属していることが厭でしょうがないと思いな**

がらも、いまさら組織を離れられない。ただ、無性に怖いからなんです。

そうでしょうね。独り荒野に放り出されることは怖いことですからね。私は、凡人にとって組織から離れて生きることの厳しさを強調したい。凡人は、組織から離れて僻《ひが》みなしに晴朗に生きることができるほど強くはないことを言っておきたい。

C　でも、**例えば山頭火は組織に属さず徹底的に独りで生きていましたよね。彼のような人生っていいなあと思いますが、なかなか勇気がなくって……。**

山頭火は組織に属していなかったが、なんと濃厚な人間関係のうちに生きたことか。彼は独りではなかった。同業者から評価され、愛され、慕われていた。放浪の先々で、彼に宿を貸し、金を貸し、酒を恵んでくれる少なからぬ人々がいた。だから、誰でも何か仕事をしようとするなら、組織に留まることは絶対ではないが、人間関係を絶ってはならない。

それに、私は確信するが山頭火ファンのほとんどは山頭火的人生をたどりたいわけではないんだ。彼の人生がいかに大変なものであったかを強調したい。彼に憧《あこが》れるほとんどの人がじつは彼のように生きるだけの勇気はない。いや、単純にそうしたくないんだ。狂ったように酒に溺《おぼ》れ、人々からは足蹴《あしげ》にされ、笑い物にされ、家族は離散し、離縁され、常に常に自分を責めつづける……そんなに苦しい人生を送りたくないのだ。Cさん、そういう人生を送りたいわけではないんでしょう？

C　ええ、まあ。でも、……**人間関係から比較的解放されている仕事ってあるんじゃないですか？**

それはやはり各人が仕事にいや人生に何を求めているかによって変わってくると思いますよ。

また、私の体験を話すことにしよう。

後に再入学して修士論文を書き、三〇歳のとき大学院を追い出された私は、やや落ちついていた。もう、会社巡りをしようとは思わなかった。もうどの会社も採用してくれないだろうと思って、安心したこともある。そして、お決まりのコースで塾教師と予備校教師に納まった。

新聞広告を頼って近所の塾に行った。入社試験を受けたところ、成績がよかったので、中堅の予備校に紹介してくれるという。とても嬉《うれ》しかった。その結果、自由が丘と横浜の予備校の英語教師の職を得た。これが私の「三十にして立つ」姿である。

ここで、私はぜひ言っておきたいんだが、予備校教師はそのときの私にとっては、これ以上ないほどぴったりしていた職業だったんだよ。布団《ふとん》の中であれほど求めていた「美しい敗者」として生きる願いが私のからだの中に沈殿して、その職業を探り当てたのかもしれない。

授業のときだけ出勤すればいい時間講師なのだから、新入社員研修もなく、同僚もひねた人が多く、みな何らかの敗者であって、しかもエリート集団から外れた知的人種であり、「暗さ」も適当にある。ひとまず満足だったよ。

そこで、私ははじめて呼吸がぴったりした人々に出会った。予備校の授業を終えて毎晩のように、横浜や自由が丘を飲み歩いたもんだ。世間を軽蔑し、お互い同士を軽蔑し、そうした自分をいちばん軽蔑し、という自嘲《じちょう》的雰囲気が立ち込めており、居心地がよかった。しかし、じつはそういう彼らも自分も、仲間の誰かに大学から声がかかると色めき立つ。平静ではいられないのだ。こうしたすね者の誰もが、大学の常勤の職が降ってきたら、はいはいと予備校教師なんておさらばしてしまうだろうなあ、という実感でもあった。その欺瞞《ぎまん》性にちくちく痛みながらも、どうにか豪快に生きていこうとしたわけさ。

例えば、「予備校教師」につける枕詞《まくらことば》や縁語は「恥ずかし」がいいなんて私が言い出して、短歌の会なんか催したよ。秀作を二点ほど。

恥ずかしの　予備校教師　バカ親子から　金をまきあげ　反省もせず

たらちねの　母を間近に　背をこごめ　予備校教師　きょうも恥ずかし

当時の私は三十代の初めだったが、こうした偏屈的態度ですべてのまじめなことを笑い飛ばす。金は学生の親からぶんどって、しかもおれはワルだと毎日自分に言い聞かせて、世の中の深刻なことまじめな事件などどこ吹く風、そうしながら「死の不条理」を考えつづける。

かなりの収入があり、しかも親元にいたから、いま言うところのパラサイト・シングルというわけで、生活は豊かだった。たいした容貌《ようぼう》でもないのにファッションに凝り、レコードや本を買いあさり、自分の部屋は隅々まで趣味豊かにし……という具合にどこまでも物質的豊かさを追求する。

夏は炎天下七里ヶ浜に出て、独りで甲羅干しをする。波の砕け散る音を聞きながら考える。ああ「美しい生活」だ。ムルソーみたいだ、と思ったもんさ。若かったんだね。そして、根が軽薄なんだね。

女性問題もちらほらあったが、相手が真剣になると逃げてしまう。追いかけられ始めると怯《ひる》んでしまう。おもしろいことに、三〇歳を過ぎたこのころだよ、私が少しはもてるようになったのは。自分の生き方に自信をもちはじめたからだろうね。しかも、私は彼女たちと適当につきあって、彼女たちの好意を適当に利用して、誰も真剣に愛さなかった。とにかく、軽薄に軽薄に生き抜こうと決心していたんだ。

もっとも、肝心の予備校教師としての実力と人気は最低だった。いつも夏休みが終わり秋風が吹くころになると、私の教室から生徒が次々に抜け出してほかの教室に移ってしまい、からっぽになることさえあった。教室に入る。誰もいない。隣の部屋からは、わあっという歓声が聞こえる。そのうち、こういうことが重なって、ついに大学受験のコースから外されてしまい、中学生相手の教師に降格させられた。そのうえ、私がその予備校に紹介した男に私はたちまち時給で追い抜かれてしまい、彼は大学受験の人気英語教師として活躍しだした。

まあ、残酷至極な世界だよ。

それでも、私は絶対的にくずおれることはなかった。それは、予備校教師という職業を尊重していなかったからであり、こんな俗っぽい職業に適性がないことはかえって美しいと居直っていたからさ。だが、そんなきれいごとばかり言ってはいられない。私は次第に首を切られるかもしれないと恐れるようになった。

そこで、私は二年後に予備校を辞めて、哲学ともう一度格闘するために、単身ウィーンに飛んだのだ。それは、また別の話だけれどね。

B　その当時、具体的につきあっていたのはどんな人なんですか？

そうした仲間にはおもしろい奴《やつ》がたくさんいた。自由が丘の予備校では、経営者を相手に事務員や生徒まで味方につけて待遇改善・予備校改革の大闘争までしたよ。まあ、心の半分ではどうでもいいとは思っていたけれどね。理事長相手に大衆団交もしたね。そのうちに理事長派に寝返る者も出てきたりして、たいへんおもしろかった。バリケードまで作り、授業ボイコット、自由が丘警察が待機しているなか、最終的にはみんな辞めさせられた。だが、優秀な者が多かったから、その後河合塾や代々木ゼミナールや駿台《すんだい》予備校に次々に移っていった。私もそのとき、横浜の予備校に数名を紹介したというわけさ。

まあ、みんな負けて、その予備校はびくともしなかったけれど、もともと予備校なんかどうでもいいような者が結束したんだから、かえって追い出されてせいせいしたなあ。いまでは、私にとって唯一《ゆいいつ》の「社会闘争」として、なつかしく思い出すよ。

そのとき一緒に闘った予備校教師たちは、いずれも強者《つわもの》ぞろい。みな一匹狼《おおかみ》の風《ふ》情《ぜい》を漂わせていて、とても魅力的だった。

ここで、彼らの一人ではないんだが、当時私が影響を受けた男を紹介しようか。

北鎌倉に、学生時代から働かせてもらっていた塾があった。まあ普通の学習塾なんだが、「萱《かや》塾」という名であった。宮澤賢治の詩『雨ニモマケズ』の中に「野原ノ松ノ林ノ蔭《かげ》ノ小サナ萱《かや》ブキノ小屋ニヰテ」という一節があるが、そこから取ったものの。

塾長のMさんは、私より二歳年上で東京外国語大学の中国語非常勤講師であった。論文を書いてどうにかして大学の常勤の職にありつきたいという気持ちと、自分の求めているものは大学の中にはないという気持ちのあいだを揺れ動いていた。近所の中学生高校生を集めて塾を経営しながら、山頭火や宮澤賢治や道元あるいは当時ベストセラーとなっていたリチャード・バックの『カモメのジョナサン』の話をし、四六時中人生訓を垂れていた。生徒たちは「ああはなりたくねえなあ」と言いながら、彼に懐《なつ》いていた。東大の大学院生ばかり、私を入れて四人の先生方がいた。私はいま自分が主宰している哲学の道場「無用塾」の原型の一つをここに見る気がする。出会いとはおもしろいものだ。

彼は坐禅《ざぜん》をしていた。修行をしていた。ほんとうの意味で道を求めていた人だと思う。そして、おかしな言い方だが、ほんとうの意味で生き方の下手な人だと思う。私はそんなMさんに半分惹《ひ》かれ半分反発を感じながら仕事を続けていた。

が、ご推察の通り、私は人気がなく、生徒たちが次々にやめてゆく。「前の先生のほうがよかった」と呟《つぶや》く声が聞こえる。そんなときMさんは「お釈迦《しゃか》さまは誰もいないところでも説教した。誰もいなくなってもいいんだ」と言ってくれた。嬉しかった。変な塾長だと思った。彼は全然儲《もう》けようとはしなかったのである。だから、数年したら潰《つぶ》れてしまった。

B　お釈迦さまのような人だったんですか？

じつは、全然違うんだ。空手の黒帯で完全なアルコール依存症だと言えば、お釈迦さまとはかなり違った感じの男だということはわかるだろう? 大学の給料を手渡された当日、家に帰るまでにすべて飲んでしまう。きょうこそはと、給料袋を胸にまっすぐにバスに乗り込むが、停留所をしばらく過ぎたころ、ふとブザーボタンを押し、バスから降り、長い距離を歩いて戻り、馴染《なじ》みの大学近くの酒場に入ってしまう。そして、すっからかんになるまで飲んでしまう。

塾のコンパでも、一升瓶を抱えて飲むうちに、次第に目が据わってくる。夜中を過ぎ、みんな相当酔ってそろそろ帰ろうかというころ、その目は輝きを増す。彼は自分のことばかり語る。いかに自分が苦しいか、道を求めても到達できないかを語る。おもしろい話もあるが、うんざりという話もある。先生連中はみな、これも給料のうちと割り切って聞いている。

C　なかなか魅力的な人ですね。

だが、ある日私は彼にはっきり対抗した。夜中の三時ごろ、電話のベルが鳴る。ろれつの回らなくなった声でMさんが「いま、とっ捕まった。大船の交番だ。弟が助けに来ると言ってあるから、すぐ来い」ということである。私はタクシーを飛ばして行った。ある酒場で喧嘩《けんか》して追い出されたとのこと。私を見つけると、へらへら笑って「中島！　弟よ。これが道だ！　これが人生だ！」と叫んだ。私はその顔に向かって「そんなのはみんな甘えだ！　迷惑千万だ！」と言った。Mは突如私に向かって空手の構えをした。殴られるか、殺されるか、と思った。だが、その恰好《かっこう》のまま、そこにずるずる座り込んでしまった。私は北鎌倉の彼の家まで送っていった。

あとで聞いてみると、その夜のことは何も覚えていないと言う。彼が非常勤講師をしていた駒澤大学に、柳田聖山の講演を一緒に聴きにいったこともある。終わると「反吐《へど》が出そうだ」と言った。壮絶なほど妥協しない生き方を貫いた禅僧、沢木興道を教えてくれたのも彼である。ウィーンに行くときは、禅のテープを餞別《せんべつ》にくれた。

Mさんがそのずっと後（一〇年も後）に、ある大学の常勤の職を見つけたことを知った。だが、そのころ東大の助手であった私に、ある日電話がかかってきた。「中島さん。大学辞めたよ。喧嘩して辞めさせられた」ということであった。

その後、会っていない。どうしたんだろうか？

Mさんのことはともかく、こうして、私の人生が普通の意味で狂いだしてから、私は豊かな人間関係のうちに生きることになったんだよ。私も身構えることが少なくなってきた。自分をがんじがらめに縛っていた鉄の鎧《よろい》が溶けてきて、Mさんに対するように、自然なかたちで「ほんとうのこと」が言えるようになった。なんだかはじめて人間として生きはじめているって感じがしたよ。

B　でも、**先生はそれに飽き足りなくなって、単身ウィーンに飛ぶんですよね。**

　そうだよ。さっき言ったように、いつ首を切られるかわからない恐怖感があったしね。「ここは自分の場ではない」という声は、どんなにごまかしても湧《わ》きあがってきた。私は一〇年後、二〇年後の自分の姿を思い描いてからだを震わせていた。このまま死んでしまったらどうするのだ、これでいいんだろうか、これでいいわけはない、という問いは毎晩のように私に襲いかかってきた。哲学を置き去りにしていることに対する悔恨が私をぐさぐさ突き刺したんだよ。

　そして、ウィーンに行ってさらに大学生活を四年続けるわけだけれど、私は社会性を身につけ、すっかり強くなっていたよ。予備校教師として二年余り働いたことが、私を鍛えてくれた。ウィーンでも日本人学校の教師として働くことになるんだが、それを不思議なかたちで予備校は準備してくれたことになる。

　さっきは言わなかったが、じつは私が引きこもっていたとき、どうせ家から外に出なければならないのなら、ここは気持ちを大きく構えて、いっそのことずっと「外」である外国に行ってしまおうかとも考えた。そこには自分を知る者は誰もいない。ああ、いいだろうなあと思った。

だが、布団から出てすぐにウィーンに飛んで行っても、駄目だったことだろう。軽薄で過酷な予備校教師時代が次のステップを準備してくれたんだ。そのときには無我夢中で何も見えなかったけれどね。

だから、A君。私の経験から言えることは、どうにか耐えられそうな職場を見つけて、とにかく働きだすことだよ。そうすれば、否《いや》でも応でも人間関係のうちに入ることになる。その中で自分を鍛えることだよ。そうしながら、自分の目標を実現することをあらためて考えてみるのだ。

最後は月並みな言葉で締めることになって、いささかこころ苦しいんだが、わかってくれると思う。

A　ええ、**先生の「不器用なたくましさ」から、なんかヒントを得た感じです。**

それはよかったね。私は自分ほど不器用な者はいないと思っている。そして、その不器用さを利用することにかけては、これほど器用な者もいないと思っているんだ。これは、五〇歳になってやっと言えることだけれどね。

5 仕事と金

きょうは仕事と金というテーマだ。仕事とは、それによって金を儲《もう》けるもの、それによって生計を立てるものだ。もちろん、現実には親の莫大《ばくだい》な遺産のためになんら金を儲ける必要もない二世議員や、すでに生活する一生分は稼いでしまった実業家や作家や野球選手や歌手も少なくないが、ここではそういう幸運な人々の仕事は省くことにしよう。金がもううんざりするほどあるのにさらに仕事をしたいのはなぜか、という問いは一般的な問いではない。一握りの人以外は、そんな問いを立てる余裕はない。仕事とは、くだくだ語る以前に、生きていくためにしなければならないものであり、しなければ生きていけないものであり、だからこそ何を仕事に選ぶかは切実なものであり、こうした切羽詰まったところから、仕事とは何かという真摯《しんし》な問いが湧《わ》きあがってくるのだ。

もっとも、Dさんのように身を粉《こ》にして働いてきて、このまま楽隠居の生活に入ってもいいのだが、「待った！」と自分に声をかける場合は別だ。若いころ、まずは「金のために」懸命に働いたからこそ、いまはその褒美《ほうび》として休息できるのだが、休息の代わりに、さらに「金にならない仕事」をすることを提唱したい。

　このテーマは、次回に扱うことにしよう。ここまでで、何か質問はないかな？

B　ですが、**主婦の仕事のように、それなりに厳しい仕事であって、お金を儲けることのないものもありますよね。**

　その通り。広い意味では、料理・洗濯・掃除といった家事も仕事なら、子育ても立派な仕事だ。こういう金にならない仕事を社会学者はシャドーワークと呼ぶ。家事にもし賃金を払うとすれば、月額数十万円になるはずであり、金を払わないゆえにこうした仕事を社会的に日陰の位置に置き、戦略的に女性の地位を低くしている、という議論があることは承知である。

　だが、ここでは私はやはりこうした仕事を除外することにする。家事が仕事として低級だからではない。これらの仕事は、夫・子供・親・兄弟姉妹等々、特定の他人のための仕事であり、そのかぎりそこには仕事のもつ客観的評価の面が曖昧《あいまい》になるからである。家事に対してたいそう要求の多い夫もいることであろう。子供もそうかもしれない。しかし、そうであるとしても、それは労賃を得てなす仕事とは根本的に違う。

具体的に考えてみよう。いま私の妻子は外国にいるので、私は月に一度D清掃会社に頼んで水回りの掃除をしてもらっている。女性二人が二時間かけて掃除をする。これは仕事である。なぜなら、彼女たちに金を払っているかぎり、私は掃除の完璧《かんぺき》さという結果だけを求め、それが達成されないときは容赦しないから。「出がけに頭が痛かったので」とか「病気で寝ている子供が心配で」とかの人間的な弁解を私はいっさい認めない。私は彼女たちの人間全体とではなくその労働力だけと契約したのであり、その結果を達成する労働力に対してのみ、金を払っているのだから。

考えてみれば、人間としての情を抑えつけたこうした契約関係はずいぶん不自然なものだ。母親としては、病気で寝ている子供を心配してついミスを重ねてしまう、というのが自然であろう。しかし、これが許されないのが仕事なのだ。程度はあるが、契約して金をもらうからには、その仕事が達成されないとき、いかなる弁解も許されない。それが仕事なのである。

普通の家事はそうではないであろう。普通、掃除より病気の子供の看病が優先するであろう。それが人間的重要さの順序であろう。だから、逆に言えば、それは厳密には仕事ではないのだ。社会学の古典的用語を使えば、血縁が中心となった親密なゲマインシャフトと利益追求をおもな目的とするゲゼルシャフトの違いである。後者の冷酷な社会こそが仕事を成立させるのだよ。

B　わかります。

言いかえれば、仕事における他者とのかかわりは、不特定の他者でなければならない。きみの労働力（作品）に対して、不特定の他者が代価を払うことを期待できるのでなければならない。ある人が夫と子供のためだけに家事をしているのなら、彼女は仕事をしているのではない。同じように、ある人が親戚《しんせき》と知人だけに絵を売っているのなら、その作品がいかに優れていようとも、彼（女）はプロの画家ではない。ある人が自分の小説を知人に無料で配っているだけなら、それがいかにおもしろくとも、彼（女）はプロの作家ではない。

その労働によって金を得ること、これは仕事と切っても切れない関係にあり、仕事の本質を形成する。なぜか？　そのことによって、われわれは真っ向から社会とかかわるからである。甘えは通用しないからであり、苛烈《かれつ》な競争が生じ、自分の仕事に対して客観的評価が下されるからだ。「客観的」とは公正という意味ではなく、不特定多数の市場における容赦のない評価という意味だけれどね。そして、ここにあらゆる理不尽が詰まっている。だからこそ、われわれが生きてゆくうえでたいそう貴重な場なのだと言いたいんだ。

A 先生は前々回にもそう言われたような気がします。でも、ぼくにはそこのところ、まだ実感としてわからないんですが……。

何度でも説明しよう。私が引きこもっている青年たちの頭にたたき込みたいこと、それはこの社会とは「理不尽」のひとことに尽きるということだ。合理的にことが進まないこと、不都合が罷《まか》り通っていること、ずるく立ち回る人が報われることもあり、誠実そのものの人が没落してゆくこともある。えせ作品が多くのファンを呼び寄せることもあり、真価のある作品が無視されることもある。

といって、完全に反対でもない。誠実な人が誠実さゆえに報われることもあり、狡《こう》猾《かつ》な人が狡猾さゆえに没落することもある。えせ作品がそのつまらなさゆえに、たちまち飽きられることもあり、真実の作品がやがて光を放つこともある。

つまり、何ごともこうと決まらないのだ。何ごとも正確には見通せないのだ。割り切れないのだよ。これがすなわち人生なのであり、とすれば生きようとするかぎり、その中に飛び込んでいくよりほかはない。

だが、考えようによっては、こういう理不尽な社会とはなかなか味わい深いものじゃないか。おとぎ話のように、あるいは校長の訓話のように、すべて努力する者が報われる社会、すべてずるい者が没落する社会は、なんとも味気ないではないか。誰も無念の涙を流すこともなく、成功者を恨むこともなく、歯ぎしりすることもない、そんな社会は生きるに値しないではないか。ただ誠実にやっていれば報われる社会、そんな低級な社会はおとぎ話の中だけでたくさんだ。

理不尽であるからこそ、そこにさまざまなドラマを見ることができる。そこに、さまざまな人間の深さを見ることができる。目が鍛えられ、耳が鍛えられ、思考が鍛えられ、精神が鍛えられ、からだが鍛えられる。

D　私には、先生がいま言われたことがよくわかります。この歳《とし》になるまで、私はいまおっしゃったことと正反対のことを、自分でも信じ、家族や社員の耳にも流し込んでいました。私はまじめに努力した。そして、報われた。そのことにほとんど疑問を感じませんでした。私は高度成長期にかなり荒っぽいことをして金儲けをし、バブル崩壊とともに没落していった者を何百人も見てきましたが、世の中が落ちついてきますと、やはり誠実な努力こそが報われるという実感がしたんです。

そして、はじめに言いましたように、癌《がん》の宣告を受けたとたんに、こんなに一生懸命に誠意をもって働いてきたのに、「なんでだ？」という問いが私を押しつぶしました。理不尽だと思いました。そして、**それまでの人生の血の滲《にじ》むようないっさいの苦労がすべて虚《むな》しくなってしまったのです**。

私はDさんの人生は捨てたものではないと思いますよ。学生時代に哲学にのめり込み、それから男盛りの時を実世界でばりばり実績を上げ、そしてまた老年にふとしたきっかけで哲学に戻れるのだから。なんの後悔することもないし、まさに「これから」いかに生きるかが勝負だと思う。それは、次回のテーマだが。

C　私もDさんは羨《うらや》ましく思います。やはり仕事における成功者の一人ですからね。

でも、また愚痴っぽくなりますが、**その理不尽のためにほとんどの人は潰《つぶ》されていくんじゃないですか？**　理不尽をも逆手《さかて》にとって仕事に邁進《まいしん》している人なら、その理不尽をもおもしろいと言えるかもしれませんが、理不尽に押しつぶされて呻《うめ》き声を上げているほとんどの人にとっては、まさに過酷としか言いようがない。**先生の発言は軽率ではないでしょうか？**

いいえ、私は文字通りこう言っているんです。むしろ、仕事に報われていない人にとってこそ、この世の理不尽をしっかりと自覚することは救いになるんじゃないかなあ。誰も理にかなって成功する者はなく、理にかなって失敗する者もない。みんな、理不尽に成功し理不尽に失敗するんだから。

しかも、みんなこのことに目をつぶって、結果だけを評価するという幻想に陥ろうと企《たくら》んでいるんだから。このひどい粗悪建築を見通せば、仕事に報われない人生もそんなものかとみなして平静になれる。それとも、あなたの失敗はみんなあなたの責任だと無理にでも思い込むほうが楽ですか？

C　ある意味では楽です。ぐちゃぐちゃ考えなくていいんですから。

ふむ。つまり、思考を放棄して楽になるというやつですね。大量のモルヒネを投与して痛みから楽になるように。私は、それこそ敗者特有の自己欺瞞《ぎまん》だと思う。

だが、ほんとうによく考えてもらいたい。理不尽を徹底的に肝《きも》に銘じて人生に船出するとき、人生は天国のようなところでも地獄のようなところでもない。いっさいの労働や作品に対する評価が公正であるわけでもなくめちゃくちゃであるわけでもない。人生を正確に虚心坦懐《たんかい》に見るかぎり、正直者が報われないこともあるが、報われることもある。極悪人がのさばっていることもあるが、自滅の道を歩むこともある。

私はずっとそう感じてきたし、いまでもそう感じている。微妙な襞《ひだ》に至るまで正確に自他の人生を観察し、けっして荒っぽく「こうだ！」と決めつけないこと、これは、じつはなかなか訓練の要ることだ。思考の「体力」のいることだ。だからこそ貴重なことであり、人生の力になるのだ。

C　わかります。でも、**私は現に膨大な数の理不尽なことを体験してきましたが、だからこそ絶対に安全な道を選ぶようになってしまったんです。**恥ずかしながら、**会社の中で自分の信念に基づき勇気をもって決断したことはほとんどないんです。**

いつも何がいちばん安全かと問いつづけてきました。こう言っても自分が厭《いや》になりますが……。

たしかに、あまりにも人生に痛めつけられると、かえってその人の思考の体力は減退してしまう。あきらめには二種類あるように思う。欲望の対象からすっぱりと身をもぎ離してしまうあきらめと、欲望の対象を斜めから未練がましくうかがいながら、自分が傷つきたくないためにあえて欲望を押し殺すあきらめである。後者のあきらめは、思考の体力を奪ってゆく。ほんとうにはあきらめていないゆえに、そのあきらめが自己欺瞞であるゆえに、醜さがつきまとう。

人生の敗者として居直った者の多くが、こうした減退し切った思考の体力しかもち合わせていない。彼（女）が自分ひとりで居直っているのならよい。おうおうにして、他人までも巻き込むかたちで、他人の思考の体力まで削《そ》ぎ落とすかたちで、「恨み節」は続くのだ。

彼らは若者たちにとうとうと教え諭《さと》す。どうせ〜しても無駄だ。どうせ〜しても学歴の壁がある。どうせ〜してもずるい奴《やつ》が勝ち残るのだ。こうした単純な公式をすべてに当てはめて、自分と同様にあきらめることを勧める。こうした公式がまちがっているのではない。ほとんど正しいが、それをくだくだ唱えてもなんの力にもならないのだ。

A　ええ、**ぼくそういう大人にだけはなりたくないんです。**

才能ある若者は、こうした敗残者に適当に相槌《あいづち》を打って、心の中で「こうはなりたくない!」と叫んでいる。これもまた、醜い姿である。一般にこうした恨み節に賛同するのは、自分自身をすでに敗残者と認めた者でしかない。敗残者同士が、短絡的な公式を掲げてそうだ、そうだと頷《うなず》きながら、思考の体力を奪い合うのである。

思考の体力をつけたい者は、その体力が十分でないうちは、こうした輩《やから》からは離れたほうがいい。たしかに、彼らは幾分か正しいことを言っている。しかし、その思考は骨の髄まで怠惰なのだ。

あまりにも痛めつけられたゆえに、思考は紋切り型となり、一つところをぐるぐる回り、聞く耳をもたず、成功者を排斥し、それでいて不満が収まることがない。思考は無限に怠惰になり、麻痺《まひ》し、こうして没落してゆく。

苦労しつづけたことが体力を増進するとは限らないのだ。

Ｂ　でも、**そういう破滅型の生き方もいいんじゃないかと思いますよ。大部分の人はあっけにとられるくらい賢く生きているんですから。**

もちろん、こういう人生もまた人生であり、それはそれなりの輝きもある。一種、魅力的な姿ですらあろう。

ここで付け加えておくと、太宰治、檀一雄、坂口安吾という無頼《ぶらい》派たちは、どうして思考の体力が厭になるほど旺盛《おうせい》だ。怠惰どころではない。小説家としてのみならず、生き方の密度が濃いのだ。彼らが破滅型の一種であるとしても、家庭で、酒場で、どうせ駄目だと恨み節をたたいている連中とは雲泥《うんでい》の差がある。

なぜだろう？　彼らが仕事において成功していたからさ。他人から認められていたからさ。だからこそ、その人生には独特の臭みがあり、私もどちらかというと好きではないんだが、そのたくましさは何よりも独特の仕事によって裏打ちされたものなんだよ。他人の視線によって鍛えあげられたものなんだよ。だから、強く潔《いさぎよ》く男らしいものなのだよ。

私は豊かな破滅型の生き方とはこういうものだと思う。つまり、あくまでも特定の仕事がその人生を支えているようなものだと思う。どうだろう？ 破滅型の人生に憧《あこが》れている者でも、恨み節だけを歌いつづける男（女）になりたいのだろうか？ そうじゃあるまい。何らかの仕事に支えられた恨み節を歌いたいのではないかね。いや、私は少なくともそういう人を相手にしているつもりだ。

いきいきと生きられなくてもしかたない。客観的（社会的）には報われないまま終わってもしかたない。しかし、充実した人生をまっとうしたいと願うはずだ。さらに言えば、引きこもっている者はとりわけ嘘《うそ》に対して過敏なはずであるから、自分をごまかさないで生きたいと願うはずだ。

そして、このすべてのためには、自分を表現し、他人の視線を浴び、評価を浴び、そしてその理不尽に魂の芯《しん》まで焼かれるそういう特定の仕事がどうしても必要なのだ。

A　わかるような気がしますが、**現に理不尽を前にしたら、やはりすんなり呑《の》み込むのは難しそうです**。

私はなにも「ただちに理不尽を呑み込め」と言っているんじゃないよ。理不尽を前に地団駄踏むのが当然だろう。何度も何度もおかしいと思い悩むのが当然だろう。そして、できるかぎり理不尽を取り除こうとするのも健全な態度だ。

だが、いかにしても、われわれが生きているかぎり理不尽を抹殺できないことも知らねばならない。理不尽を抹殺したふりをする習慣をつけてはならない。それは嘘を生きることだからね。

きみばかりではなく、引きこもっている人々は、考えているのだと思う。しかも、彼らが掲げる問いは日本経済の先行きとか、老人介護問題とか、英語公用語問題というような社会的にまっとうな問いではなく、世の中の理不尽やその理不尽の極限としての死など、おいそれと解決できないような哲学的問いと格闘しているのだと思う。少なくともそれに気づいているのだと思う。

だが、人生について、漫然と何十年考えつづけても、何も出てこない。不特定多数の他者に向けてそれを表現しないかぎり、他者とのコミュニケーションを通してそれを鍛えないかぎり、強靭《きょうじん》な思索とならない。きみ固有の思索にならない。きみが自分の固有の思索を展開したいのなら、他者を避けてはならない。他者の中で揉《も》まれなければならない。きみに反対する、きみの思索と異質な、天と地のように異なる他者に次々にめぐり合い、彼らからめためたに切りつけられねばならない。

きみが布団《ふとん》の中で描いていた壮大な幻想世界など、粉々に打ち砕かれればいいのだ。原型をとどめないほど崩れ去ればいいのだ。そしてその廃墟《はいきょ》の中からはじめて、それでもきみが立ち上がろうとするとき、きみはほんとうに思索し出すのである。きみの思索は現実的なものになる。

A 頭ではよくわかってきたんですが……。

頭ではなく、きみのからだが具体的に仕事に向かって動きだすとき、その了解はさらに現実性を増すんだよ。

まずは、自分がさんざん布団の中で考えたこと——無謀なことでもいい——になるべく近い場を探すこと。間接的にでも自分の理想を実現するために、一段階でも具体的に進むこと。そこは、ごまかしてはならない。自分の部屋から脱出し、親の庇護《ひご》から脱出し、自分の労働によって生活すること。金との引きかえという容赦のない構造の中で、きみが自分に真摯《しんし》に問いかけるとき、きみの抱いている理想が本物かどうかわかる。こんなきついバカ仕事をしながらも、こんなに回り道をしながらも、なお追求する価値があるかどうかが見えてくる。

こうして、その仕事に不満を覚えれば覚えるほど、きみははるかに理想を見やり、こうしてはいられないとあせりながら、そうしたからだ全体で、布団の中であれこれ考えているだけでは絶対につかめない具体的な手応《てごた》えをつかむことができるんだ。

心底から思うが、大望を抱いて芝居にのめり込み、その結果として貧しい芝居小屋の主役で終わっていいのだ。生活はホームレスすれすれ、子供の教育も満足にできない。かつてのクラスの仲間たちは軽蔑《けいべつ》するだけ。妻子は飢えるであろう。飢えた妻子のために、気乗りのしない仕事を引き受けねばならないであろう。その過程で、さらに数々の屈辱に見舞われるだろう。

でも、ここにしか自分の場はないと思えば、それをするしかない。こうした過酷な現実に打ちくだかれないとき、それを引き受けて仕事を続けるとき、その人はみずからの場を見いだしたと言えよう。

報われない仕事を通じて、きみは現実の厳しさを習得することができる。きみはその仕事によって生きる意味をつかむことができる。つまり、仕事の意味をつかんでいるのである。

このすべてが、きみの現実感覚を育ててくれる。甘えを吹き飛ばしてくれる。それでも油絵を描きつづけ、小説を書きつづけるとき、それがいかに報われなくとも、きみは仕事をしている。断じて趣味ではない。

この場合、きみがその報われない労働によって金を稼いでいることが決定的に重要である。仕事には他者による評価が必要なのだ。他者の視線を浴びることにより鍛えられることが必要なのだ。そのいちばんわかりやすい尺度が金である。多くの人は金を仕事の目標にはしないであろう。しかし、金を一つの目安にすることであろう。

たしかに、他人による評価は金と直接結びつかないこともある。よい評価と多額の報酬をもたらすこととは別である。しかし、もし仕事によって生活を支えることができなくともよいと居直っているのだとしたら、きみはプロではない。厳密には仕事をしているのではない。

それによって生活を支えているものがきみの仕事である。逃げ場を作らないもの、それがきみの仕事である。

Ａ　でも、**プルーストのようにお金を稼がなくてもすばらしい仕事を残した人はいますよね。**

たしかに、プルーストもジッドも有島武郎も志賀直哉も金を稼ぐ必要がなかった。

だが、きみはまだこんな例を挙げようとするのか！　これら天才たち、大秀才たち、大成した者たちはどうでもいいのだ。

　天才たちのことは放っておこうではないか。足元をよく見ようではないか。

Ａ　…………。

　だが、私は人生の過酷な面だけを強調したいわけではない。なかなかどうして、この人生は妙味のあるものだよ。私がどうしてもニヒリズムやペシミズム（厭世《えんせい》主義）に陥らないわけさ。それは、やはり理不尽の最中で「美しい」としか言いようのない人生を送っている人に会うことが少なくないからなんだ。

　とくにいままでは、美しい生き方を、私は私の主宰する哲学の道場「無用塾」の塾生たちによって教えられている。

　いくつかを紹介してみようか。

Ａ　ええ、ぜひお願いします。

H君は大学を出てから塾の教師を一〇年務めもう限界というところで私に出会った。哲学の大学院に進みたいと言う。将来の職はなくてもいい、哲学ができさえすればいいと言う。そして、彼は突如塾の教師を辞めて大学院入試のための勉強を始めたんだ。もともと華奢《きやしや》なからだなのだが、会うたびに痩《や》せてくる。哲学がおもしろくておもしろくて、食べることにもほとんど興味を失ったということだ。そして、晴れやかな顔で「哲学しているだけでほんとうに幸福です、とても生活が充実しています」と言う。哲学するとはこういうことなのだ。ずいぶん不純なほこりのついた私が、あらためて哲学するとはこういうことだと教えられてはっとするときだ。

彼は、大学ノート数冊に自分が思索した「世界の基本構造」について書き記している。その内容は、自分以外の誰にもわからないものなんだそうだ。私も数度そのアウトラインを聞いたが、理解できなかった。ある日、哲学科を卒業した友人のK君にはじめてその内容について語った。K君が興奮して私の研究室に飛び込んでくる。「すごいですよ！　ひとりで全部考えたそうですが、フィヒテやフッサールが真剣に考えたことと通底していますよ」と言った。

H君はそうして半年間一心不乱に勉強して、慶応大学大学院の哲学科に合格した。哲学的知識はそれほどないと言っていいだろう。だが、哲学するその姿勢は圧倒的にすばらしいし、美しいと思う。

もう一人紹介しよう。S君は、ある大学の経営学科の四年生なのだが、哲学的に生まれついたような男である。S君は外見は幕末の志士のようであり、らんらんとした瞳《ひとみ》は澄んでいて、細身のからだは袴《はかま》と脇差《わきざ》しが似合いそうである。実直そのものというところがあり、私は何度もその清潔さに驚きを覚えた。私が「カントの『純粋理性批判』などという超難解な古典はまず触ってみること、それにからだで馴染《なじ》むことが大切だ」というようなことを言うと、「あれからずいぶん触っているんですが、わかるようになりません」という答えが返ってくるのは彼だけである。

S君は私が何度勧めても哲学の大学院には進まないと言う。彼は純粋に哲学するだけであり、哲学研究者に必要な語学や哲学史的知識を絶対に学ぼうとしないんだから、大学院には受からない。それはそれでいいのだが。

D　感動的なくらいに一途《いちず》ですね。私ももし若ければと悔やまれます。

まだいるんですよ。F君は大手の食品会社の社員だが、ある日彼から膨大な量の手紙が来た。無用塾に入ることが許可されたら会社を辞めますという内容だ。私は驚いて「入ることは許可するが、会社を辞めることは、まあゆっくり決めなさい」という返事を書いた。

その後、彼はそのつど有給休暇をとって無用塾に参加している。

A君はNHKの集金員をしながらニーチェやユングにのめり込んでいる。彼は固定したものに違和感を覚えるそうだ。流動的なものが好きなのだ。だから、音楽が大好きだと言う。自転車に乗るのが好きだと言う。風の吹く日が好きだと言っている。すべての空気が流動して、とても心が休まるのだ。

D　私はこの歳《とし》にして、そういう話を聞くとからだがむずむずしてくるんです。勝手な言いぐさですが、**私のようにいつも安全志向でここまで来てしまい、結果として平凡なそこそこの幸福を実現してしまいますと、そうした壮絶な思いで哲学する青年たちがもうどうしようもなく美しく見えます**。いいですねえ。

さっきも言いましたが、Dさんは羨《うらや》ましがってばかりはいられない。まだ可能性があるんですよ。みんなが安全な老後を考えているときに、壮絶な思いで哲学するというさらに美しい生き方を実現できるんだから。

さて、その話はあとにすることにして、女性も熱心である。四十代、五十代さらには六十代の中年女性たちが熱心にライルやフッサール、ベルクソンやらカントを読む。彼女の夫や子供たちは五時間カントと格闘してきた妻やお母さんをどう迎えるのだろう？　中年男性も多くいるが、彼らの生態はあとで語ることにしよう。

B　ところで、**先生はなんで無用塾を開設したんですか？**

もう開設から四年になるが、その当時私は学問とは別に哲学する場が欲しかった。哲学研究者になるのでもなく、サロンでもない、しかも本物の哲学をする場を作りたいということであった。

それが、自分でも思いがけない方向で実現しつつある。博士課程を出て、外国の学会にも出席して堂々と議論を戦わせる人から、こう言ってはなんだがただのおばさんまで、同じ空間で議論をするのである。それがうまく機能するのである。たいそう不思議な空間であるが、じっさいそれで進んでゆくのだから認めざるをえない。

私は青年時代長いこと悩んでいた。自分が哲学をしたいことははっきりしていたが、自信がなく、また実際にたびたび挫折《ざせつ》して家で長いこと寝ていた。一二年に及ぶ大学生活はけっして誇れるものではない。だが、あの苦境から私は現在の無用塾に対する感触をつかんだのだと確信している。

あのとき、留年していた私に、修士論文が書けそうもないと悩んでいた私に、いやそもそも哲学研究なんてしたくないと思っていた私に、こういう場があればよかった。私は勇んで布団から抜け出していったであろう。そして、私は励まされたであろう。そう思う。

実際その場は、何年留年しようと、退学しようと、何度職を変えようと、無職であろうと、女房に食わせてもらおうと、離婚しようと、独身でいようと、そんなことなどどうでもいいことを悟った人々の集まりである。

哲学すること以外、なんの共通性もない人々が集まっている。ただ、そこにいるだけで安心する。「自分が変わっていると思ったが、ここに来るともっと変わっている人がいて安心する」という声を聞くこともある。そうだ、私もそういう場を求めていたのだ。

哲学をしたいがなにぶん学力がない。哲学をしたいがなにぶん根気が続かない。哲学をしたいが研究はしたくない。哲学をしたいが何をしていいかわからない。ただ、死ぬことが怖い。どうにかしなければ安心できない。こんな問い。大学の哲学科では嘲笑《ちようしよう》される問い。大学院の面接で言いだせばかならず落とされる問い。それが私の問いであった。そして、ここに集まる多くの人も同じ問いを抱いている。

A　なるほど。ある意味で自分に対して作られたのですね。でも、**なんで無用塾という名前なんですか？**

無用塾とは私がかってに付けた名前だが、まったく何の役にも立たないという意味ではない。「無用の用」という荘子《そうし》の思想によるのだが、いかなる現実の役にも立たないがゆえに、かえってそれを超えたもの、例えば生きることと死ぬことがまるごと見えるようになるという役に立っている。

こうした問いに安直な答えを与えないだけでも役に立っている。これでいいのだと思い込まないだけでも役に立っている。常識や良識が濁流のように渦巻く社会の中で、「そうではない！」という叫び声を発することができるだけでも役に立っている。

つまり、生きることそのことは理不尽のきわみであり、絶対に割り切れないが、科学や常識はそれを割り切るふりをする。だから、そのとき使われる言葉は究極的には真実ではない。理不尽や不合理をそのままとらえ、それをそのまま精緻《せいち》に語り尽くそうとする態度そのものが、ごまかすことなく生きることの役に立っているのだ。

これはぜひ言っておかねばならないが、無用塾を通して、そこに集《つど》う多彩な人びとを通じて、私は膨大なことを学んだ。それは、どんな生き方でもいい、ただ何かしたいことを自分のうちで確認できれば、そしてそれが本物であれば、しかもそれを続けられる場が与えられれば、その人は幸せだということだ。

生活はどうにかなる。いや、その場があるからこそ、新聞配達員もガードマンもNHKの集金員もそれほど苦にはならない。その場があるからこそ、社会的に下積みの地位に甘んじていても、彼らは自信をもっている。これは、新鮮な発見であった。

若いころ私は、職にもつかずにただ哲学ができたらどんなにいいだろうと考えていた。しかし、そんな場などこの世にはないのである。雨戸を閉め布団をひっかぶって、真剣に思索しつづけることはできない。他者に向けて思索しなければ、自分をのっぴきならない場に晒《さら》さなければ、凡人は思索できないのだ。

無用塾は他人と出会う場である。しかも、容赦のない場であるから、哲学的でない者はどんなに知的であろうと、どんなに社会的地位が高くとも、どんなに人生の悩みが深くても、やがて去ってゆく。哲学的な者のみが残る。哲学それ自体をすることに幸福を見いだす者だけが残ってゆく。代償を求めなくとも哲学を続けようという者だけが残っている。とても健全な場だと思う。頭の下がる思いのしばしばすることである。

A わかりました。ですが、**そこに集う人たちは現在の仕事には生きがいを感じていないんでしょう？ だからこそ、息抜きの場として無用塾に来ているんでしょう？**

そう言っていいように思う。だが、彼らにとって無用塾に来て哲学をしていることもまた仕事なんだ。再確認すれば、これは金とは無縁の活動であるから、厳密には仕事ではない。しかし、新たな仕事へと育ちゆく可能性を秘めているのだ。彼らの生き方を見ているうちに、一生新聞配達員を続けながらこうした場で哲学を続けることは、全体として仕事をしているのではないかと思うようになった。

前回語ったが、私が軽薄な予備校教師として金を稼ぎながらも、哲学の夢を断ち切らなかったように。つまり、彼らはすでに「金になる仕事」から「金にならない仕事」へという新たな仕事の観念に移行しているのだ。「金にならない仕事」に向けて生きるという道を、早々と実践しているんだ。
それはどういうことなのか、次回ゆっくり話し合うことにしよう。

6　金になる仕事から金にならない仕事へ

これまでのすべては第一章で、ここからは第二章と言っていい。ここからは、いままで論じてきたことを意図的に価値転換して、仕事をもっと広い観点からとらえてみよう。いままで引きこもりから抜け出してとにかく一定の仕事をするように勧めてきたが、ここからはみんなかならずいずれ死ぬということに焦点を定めて、さて人生において大事な仕事とは何か、と問うてみよう。

いったん死ぬということを見据えると、いままでの議論はすっかり相貌《そうぼう》を変える。みずから何をしていいかわからなかった者、みずからの天職をつかみながらも報われなかった者、何をしてもうまくいかなかった者……等々、世間的な意味における仕事において成功しなかった者も、必死に生きてきたのであり、そしてため息をつきながら死ぬのであって、この全体はけっして失敗とは言い切れない。

いわば、死という絶対的な限界を前にして、みずからの貧寒な人生の意味を問いつづけるとき――つまり、乏しい才能しか与えられず、たえず理不尽によって翻弄《ほんろう》され、他人からはまったく評価されず、むしろ徹底的に軽蔑《けいべつ》されつづけて死に至ったという人でも、彼（女）がふと生まれてきて、生きて、そして死ぬということの単純な荘厳《そうごん》さは変わらない。

いや、彼（女）が世間的にはなんの価値ある仕事もなしとげなかったからこそ、そしてみずからそれを痛いほど知っているからこそ、その人がただ生きてきたことが光を放ってくる。彼（女）は、死ぬさいに「俺（私）はこれをなしとげた」と自他に語って満足することはない。彼（女）は何もなしとげなかった。だ**から**、自分の人生を世間的な仕事と重ね合わすことなく、剝《む》き出しのまま受けとめることができるのだ。

世間的な仕事において何もなしとげなかったからこそ、死ぬ間ぎわに「俺（私）の人生は何だったのか」と真剣に問いつづけることができるのだ。これは、生きてそして死ぬこと、この単純な不条理をごまかしなく見ることができる立場に置かれることであり、一つの恵みである。彼（女）がみずからの人生を振り返って、なんの満足も覚えず、よってなんの執着も覚えないと心底確信して死ぬとしたら、それは救いである。

どうだろう？　少しは、私の言いたいことがわかってくれただろうか？　話を急転回したから、いろいろ異論があるのではないかね？

Ａ　ええ。どうもよくわかりませんね。**なんで、そんなにまで不条理を見ることが「救い」なんですか？**

世間的に何か価値ある仕事をなしとげた人は、なんとその何かによって生を彩《いろど》ってしまうことだろう。死というこの壮大な不条理を世間的な仕事というがらくたで覆《おお》い隠すことに専念することだろう。

いかなる仕事でも変わらない。その仕事がいかに多くの人に幸福をもたらしたとしても変わらない。天然痘や癌《がん》の撲滅に一生を捧《ささ》げたとしても、バッハやミケランジェロのようにすばらしい作品を生み出したとしても、やはりそのすべての仕事は、死にゆくとき彼らに少しでも満足をもたらすとしたら、がらくたである。

こんな立派な仕事でなくてもよい。先祖代々の旅館を守り通したとしても、岬の灯台守として数十年勤めあげたとしても、三人の子供を女手ひとつで育てあげたとしても、そのすべての仕事は、もし死ぬときに「俺（私）はこれをした」と呟《つぶや》いて満足するとしたら、がらくたである。

「生きてきた、そしてまもなく死ぬ」ということは、こうしたすべての仕事を圧倒的に超えた価値をもっており、あえて言えばこうしたすべてを無限に超えた仕事である。とすると、死にぎわに、この真実を覆い隠すことは不幸ではなかろうか？　逆に、人生の最期《さいご》に、みずからの仕事にまったくすがらずに、剝《む》き出しのまま死の不条理を味わい尽くすことは救いではなかろうか？

D　雰囲気的にはわかるような気もしますが、正直言っていままでのお話とあまりに違っているので、なんだか混乱してきました。**そうすると、この人生において何も価値あることをしないほうがいいということですか？**

そうだとも、そうでないとも言える。生きているうちに何か価値あることをなしとげた人、そしてそう他人から評価された人は、普通の意味で幸福な人だ。だが、この幸福がとりもなおさず落とし穴なんだよ。死の正体を見えなくさせる目の中のちりなんだよ。いかに価値ある仕事をしても、それは死の不条理を救ってくれないという実感を抱いている人はましだ。その仕事にすがることなく、宇宙の中でたったひとり

「ただ」死んでゆける人はましだ。

B　すみませんが、さっきのAさんの質問に対するお答えを聞いてもわからないんです。**先生のおっしゃることは観念的で、それこそ「無理に思い込もう」とする衝動を感じるのですが。**

なるほど。この辺りは多くの人にはなかなか通じないかもしれないね。だが、けっして無理に思い込もうとしているわけではない。真実がいかに耐えがたく過酷であろうと、それがまさに真実だから受け入れるということがましだと私は思うからだよ。言いかえれば、真実から目をそむけた幸福は、いかに快適でもとくに死の間ぎわには御免だということさ。

私たちは死ぬときこそ真実を知りたいのではないかね。真実をしっかりとつかむことこそ大切なのではないかね。私たちが偶然この世に生まれてきて、そしてすぐに死んでしまわねばならないことは、真実ではないかね。そして、恐るべき不条理ではないかね。そのことを、とりわけ死ぬときには、ごまかしてはならないのではないかね。

だが、おうおうにして仕事は、人生の不条理を、そしてその不条理が凝集する

「死」を見えなくさせるんだよ。自分は戦後日本の復興に全力を尽くした、自分は日本洋画壇に新風を吹き込んだという人が、こうした仕事によってヴェールをかけられることなく、宇宙のただ中で独り死んでゆくという不条理を実感することは至難のわざだ。

人間とは弱いものだからね。仕事に成功した人ほど、その仕事に過分の価値を置いてしまう。そこには、一つの錯覚がいつも忍び寄っている。いや、一つの錯覚を忍び寄らせている。それは、仕事によって死を幾分でも克服できるという錯覚だ。自分が死んでも、みんなから愛されているこの映画作品は残る。自分が死んでも、自分が孤軍奮闘して守ったこの緑の山は残る……という錯覚さ。

ようく考えれば、残るのはわずかのあいだだけなのだ。やがて、みななくなるのである。人間は死ぬとずっと死につづけるのだ。一億年経《た》ってもその一億年倍経っても生き返ることはないのである。やがて、人類の記憶はこの宇宙から跡形もなく消えてしまうのである。たしかに自分の仕事は自分の死後数百年はもつかもしれない。運がよければ数千年もつかもしれない。しかし、それが何だろう？　宇宙論的時間のうちに置いてみるとき、いかなる仕事でも、自分の死後ほんのちょっとのあいだ長生きするだけなのだ。だから、こんなはかない綱にすがりつくのは錯覚なんだ。

どうだろう？ 私は例えば王侯貴族たちのミイラやそれが安置してあった極彩色の柩《ひつぎ》を見ると、なんとも言いようがなく悲しくなってくるのだ。永遠の生命を望む彼らの情念だけが、そしてその虚《むな》しさだけが強烈に伝わってくる。こうしたミイラにすがって死んでいくより、夜明けの露のように消えてしまった名もない庶民たちのほうがずっと潔《いさぎよ》いのではないか。死の不条理にそのまま身をゆだねる美しさがあるのではないか。

前に名を挙げた柳田聖山は、こんなことを書いている。

ガンジス川の岸辺で、やがて死んでゆく老人が大地に脇《わき》をつけて瞑目《めいもく》している。こもかぼろのようなものをまとった老人の胸のあたりに、通行人の投げる銅貨がちらばっている。死を予期したヒンズー行者たちは、誰でもみずからこの岸辺にやってきて、こんなふうにして最後の時をまつのだという。老人の息が断えると、誰かがその銅貨をあつめて死体を火葬し、骨灰を川に流してやる――そんな営みが、白昼の路傍で何気なしにくりかえされているらしい。

（『禅思想―その原型をあらう』中公新書）

いわば、こうしたインドの行者のように死ぬこと、それが私には何ともすばらしいものに思われるのだが……。

仕事を何もしなかった人は、何もすがりつくものがない。だから、はるかに死の不条理を実感することができるということだよ。それは辛《つら》いことかもしれないが、ごまかしではない。彼(女)には、痛みに代わって真実が与えられるんだ。それは、一段高いところから見れば幸せではないだろうか?

Ａ　おっしゃること、少しずつわかりかけてきたところです。でも、**古代エジプト人でもインドの行者でも、何らかの死後の生命を認めているからこそ、潔く死ねるのです。そうした希望がつゆほどもなくて、ただ絶対的に無になるという前提でその不条理を見据えて死ねと言われても、ただ恐ろしいだけですよ。**

するどい指摘だね。その通りだとさえ言えるよ。だが、ここではあえて死後のあり方に立ち入ることはよそう。そうしなくても、いままでの議論はすべて有効だと思うからね。(無も含めて)死後の状態がどうであろうと、死後この世的に生きることがなくなることは確かだろう?死んでしまえば、トンネルを掘ったり、小説を書いたり、民族の独立に奮闘したり……ということの世的な仕事ができないことは確かだろう？　その世界において、あなた方はこういうかたちでの仕事をあきらめねばならないことは確かだろう？　この世的な仕事が、死後の世界でいかに評価されるかにも触れないでおこう。最後の審判がたとえあるとしても、私の言いたいことをわずかでも変える必要はないのだ。

つまり、いかに立派な仕事をしたとしても、──それを他人が評価するのはともかく──自分が死ぬときに死を克服するための手段として絶対に使ってはならない、ということさ。それは、死をわずかでも克服しないということさ。それだけだよ。そして、死んでゆく人に対して「あなたはこんな仕事をした、あんな仕事をした」と声を大にして慰める人は、やはり自分の死においても自分に対して同じように言い聞かせるだろうから、欺瞞《ぎまん》的だということさ。

数十年前に偶然この地上に産み落とされた。そして、いま死んでゆくということ、その荘厳さはいかなる仕事からも独立である。私はそのことを何度も言っているだけなんだがね。

A　なるほど、そういうことなら異存ありません。

ほかの人も、ここまではとくに反対はないようだね。

B／C／D　………。

さて、それではだ。こうした大枠を据えて、ふたたび仕事とは何かを考えなおしてみよう。私たちはどのような仕事をすればいいのか、見なおしてみよう。すると、具体的な何かをすることではなく、生きることとそのことを常に優位に置くこと、この順序を断じて転倒してはならないことがわかるのではないか？　生きることがそのまま仕事であるような、そうした仕事を求めるべきだということがわかるのではないか？

私は何もひねたことを言っているんじゃない。仕事を各人の使命のようなものと理解してみよう。例えば、宗教的な価値を第一に置く人にとって、人生における仕事は比較的単純であるように思う。クリスチャンとして、仏道修行者として、みずからをより完成させてゆくことが仕事にほかならない。

シモーヌ・ヴェイユはリセ（高等学校）の哲学教授であったが、一九三〇年代当時の悲惨きわまる労働者と同じ状況を体験しなければみずからの哲学にはなんの意味もないとして、果樹園や工場でからだをこわすまで働いた。この場合、働くことはまわりの労働者たちとは異なった意味をもっている。それはまさに金にならない仕事、みずからの使命であった。

同じようにして、こうした意味での価値の転回をなしとげた後は、いかなる仕事にたずさわろうと、たとえそれが世間的にはいかにつまらない仕事であろうと、いや、つまらない仕事であるからこそ、その仕事それ自体を完成させることではなく、その仕事を通じてみずからを完成させてゆくことが仕事であろう。この順序をけっして転倒してはならないであろう。

この変容された仕事において、もはやいままで述べてきたすべての条件は必要ではない。才能も、人間関係も、金も問題ではない。第一の目標は、仕事そのものではなく仕事を通じて生きることそのことに移ったのだから、いや単に生きることではなくよく生きることに移ったのだから。

B　よく生きるとは、具体的にどう生きることなんでしょうか？

いままで言ったことの中にいろいろヒントはあったはずだが、もう一度振り返って考えてみよう。よく生きるとは何か？　それは、じつは、たいそう難しい問いだ。なぜなら、その答えをただ言葉で知っていたとしても、それを実践しなければなんの意味もないことなのだから。ただ、倫理学の試験問題において力強い言葉によって試験官をうならせたとしても、彼（女）はただよく生きることについてよく書けただけであって、わずかでもよく生きたのではない。逆に、いかに言葉でうまく語れなくとも、いかなる倫理学の教授たちよりもよく生きた人、よく生きている人はいると思うよ。こうした注意をしたうえで、あえて言えば、よく生きることは幸福を求めることを第一の目標として生きることではないということだ。よく生きるとは幸福に生きることではないことを知ること、それが決定的に重要なのだ。

それは何かとさらに問えば、何はさておいても第一に真実をめざすという態度のうちに潜んでいる。よく生きるとは、第一に真実をめざして生きることにほかならない。真実は、この場合、外的真実のみならず内的真実（信念）をも含む。そして、その要《かなめ》に死が位置する。幸福になるために死から目を逸《そ》らすのではなく、いかに不幸になろうと死を見据えて生きるということで、さっきの話につながるのだよ。

Ａ　ですが、……**どんなに真実をめざしてよく生きても、どうせ死んでしまうんだか**

ら、やはり虚しいんじゃないですか？

ふーむ。Ａ君の追跡はなかなかしぶといね。どう言えばいいかなあ。たしかに、どんなによく生きてもどうせ死んでしまうのだ。だが、どうせ死んでしまうとは、いったいどういうことなんだろう？　よく生きるとは、どうせ死んでしまうことの意味を問いつつ生きることさ。その虚しさや不条理から目を逸らすことなく、「それは何なのか」と問いつづけながら生きることさ。私たちは生まれたときから、どうせ不条理にたたき込まれたのだ。その意味を問うことを、生きる最大の理由にすることだよ。

Ａ　なるほど。

さて、こうした転回を経ると、仕事の成果においては二流でも三流でもいっこうにかまわないことになる。それは、よく生きるという第一目標を実現する手段にすぎないのだから。一流の仕事をした人がよく生きることを実現しているのではない。このことは、あらためて確認しておきたい。一流の仕事とよく生きることとはまったく関係のないことだ。レオナルド・ダ・ヴィンチや紫式部がよく生きたわけではない。三文文士や三流学者がよく生きなかったのでもない。規準は彼らの仕事とはまったく違うところに移ったのだから。

ここで、あらためてA君に言っておきたいのだが、引きこもり閉じこもって布団《ふとん》の中でよく生きるとはと必死に考えても何も出てこない。こうした怠惰な態度と、よく生きるために命懸けで動きだす態度とはまるで違うのだ。その意味で、前に取りあげた山頭火の人生は感動的なんだ。俳句を作ることはよく生きることの手段であることが、鮮やかなほど示されているからね。

とはいえ、ここが微妙なところなんだが、だからといって彼は俳句を捨てて、ただよく生きることだけをめざしていればよいわけではない。彼にとってはよく生きるためには俳句が必要なんだ。人生の目標としてはあくまでも手段であるけれど、絶対に必要なんだよ。

そして、彼は「よい俳句を作った」と満足して死んでいったわけではない。彼は彼の作品が自分を救わないことをなんとよく知っていたことであろう。だから、なんとよく生きたことだろう。

B　そこのところは、私すごくよくわかります。

そうか、そう言ってもらえるとうれしいね。つまり、すでに規準が変わってしまったんだ。規準は、いまや金になる仕事から金にならない仕事に移行している。その仕事が当人にとって絶対に必要なのは、金のため生活のため名声のためではない。といって、安っぽい「自己実現」などという言葉でくくれるものでもない。生きることそのことがひりひりするほど辛いときに、しかもなぜか死ぬことができずに生きねばならないと確信しているときに、だからこそそれを通じて人生から振り落とされないような何かにすがりつく。

ゴッホにとってもランボーにとっても山頭火にとっても、絵画や詩や俳句とはこのようなものだったであろう。彼らは、けっして自分の作品に満足して死んでいったのではないであろう。自分の仕事によってわずかでも死を克服したのではないであろう。生きることのほうが、つまり生きて死ぬことのほうが、芸術活動よりも圧倒的な重みで迫ってくる芸術家、パラドクシカルなことに、だからこそ圧倒的な感動を呼び起こす芸術作品を生み出してしまう芸術家っているんだよ。

小林秀雄はこうした境地に至った者にのみ興味を寄せた。その着眼点はみごとだが、彼が選んだのは超一流の作品をのこした者だけである。しかし、そうではないんだ。

三流でも四流でも、ゴッホやモーツァルトと同じ態度で仕事をしている者が少なからずいる。ただ、彼らはその作品がまったく世に評価されず、したがって無名のまま終わってしまうだけだ。だが、いったんこうした変容した仕事に足を踏み入れたら、よく生きるための手段としての絵画や音楽ではなく、よく生きるという仕事を彼（女）がまっとうしたか否《いな》かが最重要なことになる。

これは、俗世間の仕事でも同じこと。零細企業の経理係長で定年をむかえ、そして死んだときは薄汚い団地の集会所で隣近所数十名が参列するだけの葬儀がおこなわれる。でも、彼は輝かしいほどよく生きたのかもしれない。

C　このあたりに、無用塾との関係があるんですね？

そうなんですよ。無用塾に集まっている人のうちに天才的な芸術家や科学者あるいは成功した政治家や企業家がいるわけではない。まさに、地味な仕事にまみれている人がほとんど、いや全部といっていい。だが、彼らのほとんどが、まあいろいろな段階はあるけれど、すでに金になる仕事から金にならない仕事へと規準を移しはじめていることは確かだ。

むしろ、その仕事が地味で堅実で華々しいものではないからこそ、かえってこうした転回ができるのだと思う。新聞配達員やNHKの集金員やガードマンなど、現在たずさわっている金になる仕事になんの未練も執着もないからこそ、金にならない仕事に近づいている。それぞれの人生における本来の価値がすでに剝《む》き出しになっており、つまり「真実を知りたい」とか「なぜ生きているのか知りたい」という問いにまともに取り組んで生きており、そうした息づかいさえ感じられ、私は彼らに会うたびに厳粛な気分にさえなるんだよ。

D　それで、**無用塾で塾生たちは何をしているのでしょうか？　もっと具体的に知りたいんですが。**

時間とは何か、意識とは何か、善とは何か、美とは何かなど、普段は生活にかまけてそっと置き去りにしつづけている問いを、真摯《しんし》な気持ちで取りあげる。そして、これら永遠の難問にじっくり腰を据えてとりかかる。それだけです。

解けない問いと格闘する。解答のない問いに引きずり回される。日常生活ではあえて避けているこうした「無用な」ことに、全身で打ち込む。いかなる問いも安直な答えの出るかたちに変形したうえで、何でも小賢《こざか》しく問いかけようとしている日常生活からさらりと離れて、解けない問いにまともに体当たりして、それにこだわり続けるという贅沢三昧《ぜいたくざんまい》に耽《ふけ》るのだ。

この仕事は、哲学でメシを食うこととは別である。いかなる職業にも結びつけなくてよい。いや、結びつけようとしないことこそ重要なんだ。

無用塾には若い人々も多いが、五〇歳を過ぎた中高年の方々も参加している。彼らは総じてとても熱心で、そのうち驚くことなかれ、三人もの男性が定年後哲学科の大学院に進みたいと言い出したのだ。六〇歳で哲学科の大学院に入学しても、その後哲学教授の職が降ってくることはまずないだろう。まもなく教授としても定年で、時間切れだからね。学会で注目を浴びる論文を書く可能性もあまりないだろう。哲学書を次々に刊行して、それによって生活することも、ほとんど考えられない。

つまり、哲学の大学院に入ったからといって、金とは無縁であり、職業とも社会的地位とも無縁である。ただ真理を知りたいから哲学を続ける。これは純粋に「金にならない仕事」である。なんと贅沢なことだろう！

とくに五〇歳を過ぎた方は、いまの仕事に情熱を感じないのなら、もう十分苦労に苦労を重ねて、妻子のため、両親のため、会社のために、あくせく働きつづけてきたのだから、他人のために時間を投げ捨てることはないのだ。自分のためだけに贅沢に時間を使えばいいのだ。

Ｄ　でも、なぜほかの学問ではいけないんでしょうか？

考えてもごらんなさい。あとせいぜい三〇年で死んでしまうあなたにとって、いまから環境倫理学を学んで二一世紀後半の地球上の二酸化炭素濃度を研究したとて何になろう。都市工学を学んで、あなたがそこに住むこともない未来都市の設計をして何になろう。もうじきそこからオサラバする日本の歴史を詳細に学んで何になろう。自分がまもなく死ぬということにしっかり目を見据えれば、こうした個々の知識ではなく、一段上の知識を求めて、真理とは何か、存在とは何か、無とは何かと問いつづけるのは、自然だと思うのだがね。

とはいえ、この問いを追究するには訓練がいる。修行がいる。襟《えり》を正して不条理のきわみを直視することなのだから。自分をだましてでも安心したいという衝動を撥《は》ねつけて、自分をきつい思考のただ中に追い込むことなのだから。

誰でも哲学の素養はある。しかし、同時に誰でも自分をだます能力をふんだんにもっているのだ。だから、実際には哲学をする者はきわめて少ない。大多数の者は真理より幸福を求めているのだからね。真理がどんなに残酷なものであっても、真理だからそれを求めるという剛毅《ごうき》な者はきわめて少ないんだよ。

D　だから、**老後に哲学をするためには、長い準備が必要なんですね。**

そうです。年金がもらえる歳《とし》に達したから、癌《がん》にかかり余命一年と言われたから、さあきょうから哲学をしようったって、そうたやすくできるもんじゃない。不思議なことに、哲学の問いはすべての人が興味があるはずなのに、それを追究しつづけるにはたいへんな労力が必要なのだ。老化した頭脳にとって、語学力をつけることや新しい知識を獲得することが難しいという意味ではない。あなたのからだを哲学的なからだに改造するのに、たいへんな努力が必要だということだ。

歩いていても、トイレの中でも、ふと哲学的な思考をしだしている、周囲世界を哲学的な問いをもって見ている、聞いている……そういうからだにならなければならない。いわば、一七歳の男の子が寝ても醒《さ》めてもセックスのイメージに取りつかれているように、ちょうどそのように哲学に淫《いん》していなければならない。

その方向が見えてきたら、そして手応《てごた》えを感じはじめたら、むしろあえて閑職につくほうがよい。みんなから軽蔑《けいべつ》されても嘲笑《ちょうしょう》されてもこれでいいと居直ること。社会的地位？　そんな屁《へ》のようなものは、真の意味で豊かな老後という高遠な理想を抱く人には要らない。それに、この歳で真理に挑む旅に出るというのは、どうしていかなる社会的地位よりも魅力的なものだと思うがね。

人生の最後にこれほどロマンチックな生き方はないんじゃなかろうか。

これは、エベレストに挑むよりも、太平洋をヨットで横断するよりも、はるかにロマンのある旅だと思うがね。その途中でのたれ死にしてもいいのだから、いや確実にのたれ死にするんだから、気分も爽快《そうかい》だ。目標に到達できないんだから、いや目標なんかないんだから、ただ求めつづけるという行為があるだけなのだから。曹洞《そうとう》禅のように只管打坐《しかんたざ》（ひたすら坐禅すること）というわけで、とても清潔で豊かなものだと思うよ。

D　なるほど。少し勇気が湧《わ》いてきます。

しかし、この場合もごまかしは禁物。無理も禁物。つまり、一挙に禅の修行僧のような生き方、樽《たる》の中に住んでいたというディオゲネスのような生き方を狙《ねら》うことはない。それは、普通の人にはハードルが高すぎる。むしろ、正確に「半分」だけの隠遁《いんとん》者《しゃ》になることが必要だ。言いかえれば、あとの半分は社会と歩調を合わせて、たんたんと「寝返り」の機会を狙っていることが大切だ。金になる仕事を続けながら、哲学的からだを鍛えつづけ、社会から少しずつ少しずつ取り残されることを意図する。職場にいて、何くわぬ顔をして少しずつ「石」を動かす。まわりの人々の態度や言動を詳細に観察して、自分の目を鍛え、自分の言葉を鍛え、ほんとうの生き方をめざし続ける。つまり、何くわぬ顔で世間的な仕事を続けながら、人々に軽んじられながら、人生の隠れ修行者になる。

プラトンは哲学は五〇歳からと言った。もちろんそれ以前から始めてもいいのだが、この言葉は一つの真実でもある。五〇歳にもなれば、世知辛い世間でいろいろ揉《も》まれてきたことであろう。世間知は厭《いや》というほどついたことであろう。哲学はこうした世間知という豊かな素材をあらためて哲学知へと変形する大改革の営みなんだ。さんざん議論してきたように、真剣に生きてくれば、そして安易に目を逸《そ》らさなければ、五〇歳にもなれば、さまざまな理不尽なことに痛みを覚えていることであろう。あなたのなぜという問いは社会では空回りして、誰も答えてはくれなかった。「なぜ、あの子があのとき自殺したのか？」「なぜ、自分があのときあの人を見捨てたのか？」。悶々《もんもん》としながらも、答えは見つからない。しかし、問わずにはいられない。こんな、深刻な問いでなくてもよい。「なぜ、私はあのチャンスをつかまなかったのか？」「なぜ私はあのときあんな失敗をしてしまったのか？」という問いは、少しからだの暗闇《くらやみ》を探っていけば、そっとうずくまっているだろう。

こうした問いを直視するのだ。そして気が済むまで問いつづけるのだ。五〇歳を過ぎた者は誰でも、自分の人生を振り返ると、「理不尽」という豊かな素材が与えられる。それはすべて真剣な思考の糧《かて》になる。若いときは、精神の力がまだ弱いから、こうした理不尽は相当きついであろう。だが、いまやもう残された大仕事と言えば「死ぬこと」くらいしかないのだから、みずからの人生を総点検して理不尽の山をかきわけて、あらためてなぜという無用な問いを発しつづけよう。言うまでもないが、こうした理不尽の中心に死がでんと居すわっている。数十年前に自分の意志ではなくてこの世に生まれてきた、そしてもうじき死んでしまう、このどう考えていいかわからないほど巨大な不条理がね。

C　でも、**そんなことばかり考えていると、頭がおかしくなってきませんか？**

そうかもしれない。だからこそ、仲間が必要なんだよ。ひとりで部屋に閉じこもって考えつづけていても何も出てこない。何か出てくるかもしれないが、たしかに危険な状態になりやすい。

いや、無用塾に来ている若い人々には精神の不安定な人が少なくない。はっきりはわからないが、自殺未遂者は一〇名は下らないだろうし、親友や恋人が最近自殺した者が驚くほど多いんだ。そうした体験をした者のすべてが、その他人の死にはなはだ負い目を感じている。それを解決しようとして哲学に助けを求めにくる。哲学は彼らを直接救うことはできない。だけど、彼らは例えばカウンセラーのもとに走っていき、世間的な回答をもらって満足できる問題ではないことを直観しているんだ。それは、断じて解決してはならない問いであることを知っている。自分が死ぬまで問い続けなければならない問いであることを知っている。

驚くべきことだが、私が何も教えたわけではないのに、哲学的問いのあり方の神髄を恐ろしいほど正確に把握しているんだ。こうした人々にとって、厳密な哲学的議論を実践すること、つまり何でも真剣に考えはじめたら恐ろしく難しいということを実感することは、精神安定剤としてずいぶん効き目がある。安易にこうだと決めつけるものはほとんど何もないと実感することは、ずいぶん精神の健康を取り戻すよすがとなる。

おもしろいことだが、私にはよくわかるんだよ。表面的に健康な世間において問うてはならないとされている問いを抑えつづけることはその人を病的にし、逆にそれをとことん正確に言語化することはその人を健康にするんだよ。

無用塾では、例えばの話だが、誰かが「人を殺したい」と言ったとしても、「自殺したい」と言ったとしても、頭から拒否することはない。どこまでも大まじめに対処する。みんな、その人に向けてなぜと問いつづけ、その人もなぜならと答える努力をしつづけ、そうした言語的運動をえんえんと続けるんだ。そうすると、なぜか憑《つ》きものが落ちるようにほっと楽になることがある。

私は考えに考えてこうしているわけではない。ただ、自然にこういうかたちになってしまった。涙を流して訴える人もいる。面と向かって相手を罵倒《ばとう》する人もいる。でも、原則的には誰も止めない。自然にまかせる。何を語ってもいい。何を語っても無視はしない。その言葉を封じはしない。これは、なかなか普通の社会では認められないことだから、価値があると思うよ。

C　あのう、**私にはそういうはなはだしい不幸をしょった人でなければ哲学はできないように聞こえるんですが……。**

もちろんそうではない。そういう人は、哲学を易々《やすやす》と習得してしまっているということだけだよ。あっという間に哲学の本丸に突入している。しかし、かならずしも世間的な意味において不幸であることが哲学をする要件ではない。ただ、何度でも言うが、偶然産み落とされて、運命に翻弄《ほんろう》され続け、そして理不尽な評価を受けつづけ、そしてあと少しで死んでしまうこの人生の不条理は、よく考えると不幸そのものだということ、このことに鈍感であっては哲学の適性はないだろう。この残酷さを直視しようとしない者は哲学者にはなれないだろう。

ところで、私はごく最近まで、哲学者になるには、天才とは言わないまでも、学力や師や仲間や暇など相当のきつい条件を充《み》たさねばならないと考えていた。だが、次第に哲学者には二つの意味があると思いはじめている。一つは、カントやニーチェのように「哲学狂い」とでも呼べる天才たちをはじめとした専門哲学者。古来からの哲学的問いの性格を知っており、そうした問いに専門家として、つまり著書や論文や講義や学会発表というかたちで参画している者たち、哲学を教えている大学の教授たちがその典型だ（その中には研究者であるかもしれないが哲学者でない人も多いのだが、それはいまはおいておこう）。

だが、もう一つの哲学者がいるのではないだろうか？　その人生への態度が哲学的な人々である。彼らは、すでにものの見方が哲学的であり、たとえカントやニーチェをまったく知らなくとも、理解可能な力をもっている。なぜなら、カントやニーチェの考えた問いを日ごろみずから問うて生きているからであり、そこに、ある親密さを覚えるからだ。

哲学を志すおもに若い人々と会っているうちに、センスだなあとしか言いようのない感慨に襲われる。問いの処理の仕方がすでに哲学的なのだ。哲学者たちがひっかかってきたまさにそのところでひっかかり、哲学者たちが悩んだまさにそのところで悩み、哲学者たちが希望を抱いたまさにそのところで希望を抱いているんだ。

この意味での哲学者を、ここではギリシャ語の「フィロ（愛）＝ソフィア（知）」という語源に従って「愛知者」と呼ぶことにしよう。

愛知者は、だがそのまま打ち捨てておくと、自分でも気づかないうちに日常生活に擦《す》り切れてしまい、ひたすら虚《むな》しさを抱えた人生を送るような気がする。彼らが哲学に開眼したからといって一挙に幸福になるわけではないけれど、みずからの不幸を自覚した充実した人生が送れるような気がするのだ。

D　つまり、**そうした愛知者が仲間とともに修行する場が必要なんですね。**

そうです。ヴィトゲンシュタインのような正真正銘の哲学者は、放っておいても哲学を続けるであろう。彼らはそれ以外の生き方ができない人種なのだから。またアカデミズムに所属している教授たちは、自然にそうした場が数々与えられている。だが、愛知者は会社や学校や役所や……何でもいい「一般社会」という非哲学的な場に放り出されており、仲間を見いだすこともできず、いやそのわずかな機会さえつかめない人たちなのだから、ややもするといかに才能があろうとも、埋もれてしまうのだ。彼らのすべてが哲学科の学部を受講できるわけでもなし、哲学科の大学院に行けるわけでもない。ほんとうに才能に疼《うず》いている者なら、カルチャーセンターでは満足しないであろう。仕事を続けながら、その才能を伸ばす場が、訓練が、環境が必要なのだ。「無用塾」でなくてもいいがね。

もちろん、その結果、哲学を活《い》かした職業につけるわけではない。だから、職業は自分で適当に選んで哲学を続けるしかない。しかも終わりがない。卒業がない。なぜなら、愛知者の教育とは、客観的な知識の伝達をもって終えるものではなく、その人自身の生き方に絡《から》むものだから、その人自身の生き方に卒業がないように、彼の哲学修行にも卒業がない。

ライプニッツは、モナドはそれぞれの視点から一つの世界を多様に表象すると言った。まさにこの意味で、各個人はおのれの固有の視点から世界を語るほかはない。それが真摯《しんし》で力強くあれば、それだけで哲学になりうるのだ。だから、この意味で哲学はそれぞれの人の数だけあると言えるんだよ。

さあ、だいたい私の言いたいことは言い尽くした。最後にあなた方の感想を聞いてみようか。

B　**私、とにかく小説を書いていこうと思います。**先生から怒られるかもしれませんが、あとは野となれ山となれって気分です。**毎日窓辺で「ああ、私は人生を文学に賭《か》けたけれどまったく駄目だった」と後悔している老婆《ろうば》の姿がいまからちらついてきます。それってなかなかいいもんだって、甘酸《あまず》っぱい気分で居直っていきます。**

私も「なかなかいいもんだ」と思うよ。

ところで、Dさんは哲学をしようという気になりましたか？

D　ええ、錯覚かもしれませんが。さっそく、そのための準備をしたいと思います。失敗してもかまわない。もはや、何も失うものはないんですから。

それはよかったですね。

C　……私は、厭だ厭だと言いながら、たぶんいまの会社に定年まで居つづけるんじゃないかと思います。すみませんが、先生の長いお話を聞いても、これだという自分の仕事はいまのところ見つかりそうもありません。老後、哲学ができるような気もしません。でも、お話を聞いていると、**自分は生きている**、**このことを大切にしようと思いました**。**そのことを知っただけでも有意義でした**。

そうなんです。「生きる」という仕事は、ありとあらゆる仕事より格段に価値がある。ただ、すべての人が生きているから、この楽しく・苦しく・充実していて・虚しい仕事も評価されないのだね。

A君はどうかなあ?

A　…………。

次回は最終回だ。そのときにでも、きみの気持ちを聞かせてもらえれば嬉《うれ》しいよ。

7　死ぬ前の仕事

前回は「金になる仕事から金にならない仕事へ」というテーマで、仕事という概念を大転回してみた。最後に、もうひとひねりして、死ぬ前の仕事つまり死ぬ直前の仕事という重いテーマを考えることにしよう。

その骨子は、独りで死んでゆくことに馴《な》れるという仕事だ。私は、五年のあいだに妻の父と兄と姉が、次々に癌《がん》で死んでしまうという壮絶な体験をした。そのうち父と姉はホスピスに入った。こうした体験が、子供のころからの「死にたくない！」という叫び声と重なって、死ぬ前の仕事を私に考えさせるようになったのだ。

私は、ごまかして死ぬことだけはしたくないと思っている。モルヒネで朦朧《もうろう》となったまま息を引きとることはまあしかたないであろう。しかし、精神的なモルヒネを多量に投入して、思考を停止してしまい、「これでいいのだ」とか「みんなありがとう」

とか呟《つぶや》いて死にたくはないのだ。

死に方は、各人各様であろう。ほんとうに心の底から感謝して死ぬこともあろう。しかし、私はそれに特別感動もしなければ、そういう人を特別尊敬もしない。ただ、自分とは違った信条のもとに生きてきたのだなあ、と思うだけである。

宗教をもつ人は、安心して死ぬのかもしれない。ある人は、死後完全な無となるとしても、全然かまわないのかもしれない。しかし、私はそうではないのだから、そういう自分にとって「死ぬ準備」という仕事は意外にたいへんなことだと思っている。つまり、自分のうちに強く息づいている「嘘《うそ》を認めたくない」という願いを捨てることなく、しかもこの世に対する執着をなるべく断ち切って死ぬというストーリーを描いているのだ。だから、これからはこうした私の個人的な感受性にもとづいて語るしかないのだが、もしあなた方が、自己欺瞞《ぎまん》を避けたいと願い、しかも冷静に死にたいと願うのなら、死ぬ前の仕事として大切なのは、この世に対する執着を切り捨てるという仕事だ。

この世に対する執着を断つ方法は、いろいろあろう。執着にもいろいろあるが、私にとっては好きな人と一緒にいたい欲望、快適な生活をエンジョイしたい欲望などに代表される「人間欲」や物欲や性欲や名誉欲ではなく、「知りたい」という執着を断つのがいちばん難しいように思われる。このまえ二一世紀に突入したが、一〇〇世紀には世界は、人類はどうなっているんだろう？　そして、二〇〇世紀には、一〇〇〇世紀には、二〇〇〇世紀には、とどこまでも知りたい気持ちを抑えることはできない。さらには「少し前にこの世に産み落とされて、いま死んでゆくこの私という存在はいったい何だったのか」という問いを打ち切らねばならないことは、はなはだ辛《つら》い。言いかえれば、それをもあきらめることが、最後の仕事として残っているのである。これはなかなかしんどいことである。だが、哲学にはこうした自己否定の要素がたしかにある。哲学に執着することは、真の意味では哲学的ではないのだ。哲学を振り捨てること、哲学を乗り越えること、それが哲学的なのだ。

D　なんとなくわかる気もしますが、お話が抽象的で……。

それなら、ここで私の父の話をしようか。三年前に死んだその生涯は息子の目から見てもたいして幸せそうではなかったが、老後の孤独に徹した生活ぶりはみごとだった。彼はもともと独りでいることが好きな人であり、独りでいても寂しさを感じない人なんだが、そしてそのために母から「冷たい」とさんざんののしられたんだが、その孤独癖が彼を豊かな老後に導いたように思う。

七三歳まで会社勤めをしたのだが、七〇歳に近づくころ友人の会社を手伝って、二年間北陸に単身赴任した。そのあいだ母は一度も訪れなかった。父は一度白内障を患《わずら》ってその北陸の地で入院したが、そのときも母は訪れなかった。「あの人は独りでいるのが好きなんだから、いいのよ」と言っていた。ほんとうにそうなのだ。

入院しても、看護婦が入ってくるのが煩《わずら》わしいといって、個室に鍵《かぎ》をかけて叱《しか》られるほどの人である。誰も見舞いに行かなくてもなんともない。いや、家族でも行かないほうがいいのかもしれない。

そんな父が、七三歳で会社を辞めて八三歳で死ぬまで、一〇年間悠々自適の時を過ごした。鎌倉に住んでいたので、毎日のように独りで寺巡りをする。書斎に閉じこもって膨大な本を読む。庭に出て草むしりする。毎日、その程度のことしかしないのだが、ゆったりと豊かな時が流れているような感じがした。

東京に行くこともほとんどない。友人に会うこともない。誰かが訪れてくるということもない。家の中ですら、家族と話し合うということがない。家族と一緒に時を過ごしたいという欲望がないのだ。父のまわりの空間だけ、ほかから切り取られたように浮きたっており、しかもそれで充実しているのだ。

家族を含めて、他人には何も要求しなかった。独りで自足していた。そして、癌にかかり、ただ死ぬのを待つために入院した七里ヶ浜の海の見えるホスピスのような病院に半年いたときも、まったく寂しそうではなかった。家族が見舞いに行っても、とりわけ嬉《うれ》しそうでもなかった。

そして、ある朝誰にも看取《みと》られずに独りで静かに死んでいった。

家族は救われた。誰も泣かなかった。悲しまなかった。父がいなくなっても、いたときとあまり変わらないのだから。老後はひっそりと、あたかも存在しないように生きていたのだから。

私が父をえらいと思うのはこれだけかもしれない。これほど肌のように孤独を馴染《なじ》ませているとは！　それは潔《いさぎよ》いものであった。といって、父は何もしなかったのではない。父は人格的には貧寒だったと思うが、八〇歳を過ぎても旺盛《おうせい》な知識欲があった。

「学生時代に読めなかった長編を読もう。まず『チボー家の人々』を読もうかな」と私に語ったことがある。『ユリシーズ』や『ファウスト』の新訳が出ると、早速買ってきて読みふけった。『アラビアンナイト』も『聊斎志異《りようさいしい》』も読み、法律・経済・哲学・歴史・文学・宗教など、ありとあらゆる分野の本を買ってきて読んでいた。とりわけ、『西遊草《さいゆうそう》』（清河八郎）や『細川日記』（細川護貞《もりさだ》）や『蹇蹇録《けんけんろく》』（陸奥《むつ》宗光）など、日本近世の歴史物はじっくり読んでいた。だが、それも任意のときに、打ち切りになっても全然構わないのだ。
少しもちあげすぎかとも思うが、潔さの点ではキケローの有名な『老年に就いて』にも通ずるものがある。

老年が自己をよく守り、己が権利を維持し、何人にも屈することなく、最後の息を引きとるに至る迄《まで》己が領分をよく支配してゐる場合には、実に老年も名誉に値するではないか。若者にして幾分老成した所のあるものはよいものであるが、丁度それと同様に、老人にして幾分若々しさを保つてゐるのがよい。これを努めて心掛てゐる者は、肉体的には老人となるも精神的には決して老いない。（中略）猶《なほ》ギリシア文学には非常に没頭してゐる、そしてピュータゴラース派の人々のするやうに、余は記憶力を錬る為《ため》に、毎日余が云《い》つた事、聞いた事、為《な》した事を夕方思ひ返して見るように努めてゐる。これが余の智脳《ちのう》鍛錬法なのだ。これが余の精神の日課なのだ。（中略）かくの如《ごと》き研鑽《けんさん》と努力の裡《うち》に生活して行く者にとつては、老年が何時《いつ》忍び寄るかに気付かないのである。かく生活して居れば気の付かないやうに徐々と年をとり、忽然《こつぜん》と弱り込むこともなく、長い時間をかけて死んで行けるのである。

（岩崎良三訳、小学館）

父はそれなりに社会的な仕事にかまけていたが、仕事が好きだったという印象はない。家族がとても大切だというわけでもない。孫を連れていけば喜ぶが、いつまでも孫の相手をしているわけではない。すぐに自分の部屋に戻ってしまうのであった。

こうして、父はこの世の何ごとにも執着していないように見えたから、世間的な仕事を辞めてから死ぬまでのあいだ、本来の彼らしい生き方がかたちあるものになったと思う。

いつも、「死んだらまったくの無になると思うね」と言っていた。この世にもあの世にもなんの期待も抱いていないのだった。たぶん、その人生はあまり幸せではなかったであろう。なぜなら、幸せを望まない人だったから。だから、皮肉なことに、安心して死ねたのだ。たとえ彼が、自分が死んだことを家族の誰ひとり悲しまないことを知ったとしても、なんともないであろう。だから、悠然と死んでいけたのだろう。

その人が死んでも誰ひとり悲しまない死に方はいいもんだ。はじめからその人が生きていなかったように、死んでしまうのはいいもんだ。

わかるだろう？　プラトンは哲学とは「死の練習」だとも言ったが、まさに最期《さいご》のときにその意味での哲学が必要になるのかもしれないね。真理を求めることではなく、死の練習をする。死に馴染み、生の執着を絶って、それを肌のように身近なものにする、とでも言えばいいのかなあ。

かつて、次の曾野綾子の文章（「三秒の感謝」）を新聞紙上で見かけたときは、そうだ！　と思わず膝《ひざ》を打ったものだ。

死に易《やす》くなる方法はないか、という人がいる。（中略）
もし、その人が、自分はやや幸福な生涯を送って来たという自覚があるなら、毎夜、寝る前に、「今日死んでも、自分は人よりいい思いをして来た」ということを自分に確認させることである。（中略）
しかしもし一方で、人生を暗く考えがちの人がいるとしたら（私もその一人だったのだが）人生はほとんど生きるに値しない惨憺《さんたん》たる場所だという現実を、日々噛《か》みしめ続けることである。そうすれば死に易くもなる。（中略）
この世が生きて甲斐《かい》ない所だと心底から絶望することもまた、すばらしい死の準備である。

（朝日新聞、一九九〇年一二月二四日、朝刊）

なんだか、みんな神妙な顔になってしまったね。最後に、何か質問はないかい？

A／B／C／D　………。

では、これで終わりとするか。みんな長いことありがとう。私もとても有益な時間だったよ。

A　先生！

あっ、A君、何だね？

A　……ぼく……じつは明日から働くんです。内装工事の現場のアルバイトで、壁紙を貼《は》ったり、ベニヤを打ちつけたりの単純作業なんです。正直言ってまだ不安が

残るんですが、なんとなく楽しみなんです。

そうか。それはよかった。ほんとうによかったねえ……。

簡単なあとがき

人はなぜ働かねばならないのか？　この問いに、私はいまだ明確な回答を与えることができません。とにかく、私は働きたくないと思いつつ、長い長い（ウィーン留学時代を含めて一六年に及ぶ）大学生活を送りました。そして、定職についたのは、じつに三七歳のとき。いまの大学教師としての仕事はそんなにイヤではありませんが、こんな自分の経歴から、働きたくない人の気持ちがよくわかります。（いろいろな意味で）働くのがイヤだと呟《つぶや》いている、いや叫んでいる人々が、本書から何らかのヒントを受けとってくだされば幸せです。

日本経済新聞社出版局編集部の山田嘉郎さん、どうもはじめのご要望であった「若者に『働け！』とカツを入れる本」にはならなかったようですが、長いことお世話になりました。

二一世紀最初のお正月

中島義道

解説

斎藤美奈子

●「働くことがイヤ」なのはだれなのか

『働くことがイヤな人のための本』というこの本を手にとったあなたはどんな人なのでしょうか。中島義道のファン、という線がひとつ考えられますよね。問題は、著者名ではなく書名につられて本書を手にとった人たちです。

せっかく入った会社が肌に合わず、もう辞めたいと思って悶々《もんもん》としている人でしょうか。いつまでもこのままじゃダメかもなあと思いつつ、将来への展望が持てず、惰性でフリーター生活を続けている人でしょうか。

そして、さらに考えます。そんな彼らは本書を読むことによってなんらかの指針を得られたのだろうか。指針とはいかないまでも、心が救われたとか、生きる勇気がわいたとか、なんらかの有効な処方箋《しょほうせん》を手にしたのだろうか、と。

もちろんです、と答えた人にこの解説は必要ありません。

「ていうか、よけいワケがわからなくなっちゃったんですけど」という人のために、私はこの解説を引き受けることにしました。何を隠そう、私自身、「よけいワケがわからなくなっちゃったんですけど」と思った口だからです。なんだかグチャグチャした本だなあ。これではよけいドツボにハマっていくじゃんか。それが本書をはじめて読んだときの、ウソ偽らざる感想でした。

巻頭で著者は〈私は私の分身にきわめて近い人々にメッセージを送りたいだけである〉と述べています。〈私と異なった感受性をもつ膨大な数の人には何も訴えることがないのかもしれない〉とも述べています。その分類でいけば、斎藤は〈私と異なった感受性をもつ膨大な数の人〉のひとりなのでしょう。しかし、〈さようなら。またいつか、どこかでお会いしましょう〉と追い払われたくらいで私はひるみません。そうやって読者の質をあらかじめ限定してしまうポーズそのものに、本書の、または著者の自虐《じぎゃく》的な性向がはからずも露呈していませんか？

『働くことがイヤな人のための本』は、いろんな意味で矛盾を孕《はら》んだ本です。ひどく偏《かたよ》った本でもあります。したがって、本書を有効活用するもうひとつの道は、逆説的ではありますが、ここに仕込まれた迷路から脱出する方法を探ることでしょう。はたして本書が、あなたや私の思惑とちがったのはなぜだったのでしょうか。

●「働くことがイヤ」は普遍的な悩みなのか

この本にはＡＢＣＤという四人の仮想読者が想定されています。就職するのがこわい二〇代の法学部生。仕事にも結婚にも価値を見いだせない三〇代の女性。人生半ばを超え、仕事に疑問を抱きはじめた四〇代のサラリーマン。癌《がん》の誤診をきっかけに人生について考えはじめた五〇代の男性。

いずれも現実にいそうな人たちです。いや、実際にもかなりの数で存在するでしょう。しかしながら、著者の分身というだけあって、四人の間に質的な差はほとんどありません。四人とも「成熟社会ゆえの悩み」にとりつかれた人たちです。あるいは「中産階級的な悩み」といってもいいかもしれない。

成熟社会とは、世の中がそこそこ豊かになって、明日のパンの心配をしなくても生きていけるような社会のこと。考えてもみてください。みんなが食うや食わずだった時代に、だれが〈いまの生活が虚《むな》しくてたまらないのに、といって特別に何もしたくない。こうしてだらだら生きていって、死んでしまうのか？　それは恐ろしいことだ。俺はいったい何のために生まれてきたんだろう？〉と考えたりできるでしょう。

日本が成熟社会に近づいたのは七〇年代の後半くらいからといわれます。それからまもなく「一億総中流化」という言葉が流行し、やがて学生に、主婦に、サラリーマンに、ひいては子どもたちに、「自分にはやりたいことが何もない」「なぜ仕事をしなければならないのか」といった悩みが広がったのでした。不登校も社会的ひきこもりも、成熟社会ならではの現象です。

そのような背景を考えると、『働くことがイヤな人のための本』はまさに「一億総中流化」が進んだ成熟社会ならではの「お悩み相談」の本なのです。しかし、著者は歴史的・社会的背景なんてよけいなこと（私には重要なこと）は無視し、あくまでもそれが普遍的・根源的な悩みであるかのようにふるまいます。

〈あなた方の悩みはとても健全な悩みなのだから、それを大切にしなければならない。あなた方は悩みつづけなければならず、そこからごまかしのない固有の手応《てごた》えをつかまねばならない〉などなどと。

これは読者とまっすぐ向き合うために選択された教師としての姿勢なのか。それとも読者を思索の深みにひきずりこもうとする哲学者の陰謀なのでしょうか。

●「働くことがイヤ」は個人的な悩みなのか

本書にとって「歴史」や「社会」は視界の外にある。その一点をとっても、この本の苦悩と困難が想像できるのではないでしょうか。

仕事とはそもそも「社会」と「個」の接点に位置するテーマなわけですが、中島義道はあくまで「個」の側から仕事について語ります。哲学的、人文科学的アプローチといってもいい。ところが、仕事ってやつは残念ながら「社会のしくみ」に規定されている以上、個人がいくらあがいてもどうにもならない部分がある。社会科学的なアプローチがほんとは不可欠なはずなんですね。

この本がグチャグチャして見えるのは、社会のしくみの話ぬきで社会との接し方について語ろうとする、その根本的な矛盾に由来するように思います。

たとえば「仕事と金」と題された章で、著者は語ります。

〈その労働によって金を得ること、これは仕事と切っても切れない関係にあり、仕事の本質を形成する。なぜか？　そのことによって、われわれは真っ向から社会とかかわるからである。甘えは通用しないからであり、苛烈《かれつ》な競争が生じ、自分の仕事に対して客観的な評価が下されるからだ〉

社会という言葉こそ出てきますが、何度読んでも私にはよくわかりませんでした。自由競争の話なのでしょうか。それとも市場経済の話？

あるいは「仕事と能力」の章で、著者は「能力」という名の不平等、少数の成功者と大多数の失敗者を出す社会の理不尽さについて述べます。

〈さらに非情なことに、成功者はまさに成功しつづけることをもって、ますます人間的に豊かになっていく。そして、失敗者は失敗しつづけることをもって、ますます人間的に貧しくなってゆくんだ〉

まったくその通りです。しかし、この後に続く「世間はその理不尽さを見ようとしない」という著者の指摘はどうだろう。「世間」はともかく経済学や社会学はかかる不平等にのみ心を砕いてきたのだ、といっても過言ではありません。階層とか階級というのはそれを説明するための用語ですし、悪名高き社会主義思想だって、もとはといえば不平等の解消を目的としていたのではなかったか。

社会的な不平等は構造的なものだと私は理解しています。それを個のレベルで説明しようとしても、どだい無理な話じゃないんだろうか。

●「働くことがイヤ」とはいかなる意味なのか

さて、と、ここいらへんから、本書に対して私が感じた違和感の源がだんだんはっきりしてきました。斎藤がイメージする「仕事」と中島がイメージする「仕事」の間には、どうやら決定的な乖離《かいり》があるらしい。

私が「仕事」と聞いてイメージするのは、とにもかくにも賃労働です。一方、本書でいう「仕事」は一方向に大きく偏っています。著者の言葉を借りるなら〈哲学や文学あるいは宗教や芸術という名の仕事である〉。

ははあ、そういうことか、と思いました。人騒がせな話ではありませんか。最初のほうにA君の例として登場する〈人生それ自体を対象とする仕事〉〈哲学者とか作家とか芸術家とか〉は、本書でいう「仕事」のじつはすべてに該当していたのです。

そう考えると、もろもろの謎《なぞ》も解けてきます。

〈いわゆる仕事において報われなかった人々こそ、金にならないほんとうの仕事に真剣に取り組むことができるんだ〉

なんていういっけん意味不明な一文も、一定程度、理解できます。

だけど、そうだとしたら、この本のタイトルは適正ではないかもしれませんね。正しくは『賃労働者として働くことがイヤな人のための本』。副題は「賃労働ではない仕事とは何だろうか」。各章のタイトルも「賃労働ではない仕事と能力」「賃労働ではない仕事と人間関係」「賃労働ではない仕事と金」。

これでは嚙《か》み合わないわけです。仕事と聞いて自動的に「賃労働」を連想する私のような人間は、近代の病に冒された〈鈍重で善良な市民〉なのでしょう。そして、こ

解説

　本のような根源的な悩みに直面する人が増えたのは、近代の論理が通用しなくなりつつある時代だからかもしれない、と思いました。
　以前、この本のために私が書いた書評の一部を引用しておきます。
　〈哲学者なんて（と差別的にいうが）、労働者としても生活者としても、もともと失格なわけですよ。じゃないと哲学者にはなれないし、失格だが、人類の貴重な文化財だから社会が特別に保護してやっているのである。そんな保護動物みたいな立場の人が、他人の悩みに首をつっこむなど、トキがパンダの心配をしているようなものである〉（斎藤美奈子『趣味は読書。』所収）
　この本は中島さんの数ある著書のなかでも、とりわけ自虐的で排他的です。それもトキとパンダの会合だと思えば仕方がない。彼らの悩みは十分尊重されなければなりません。ただ、トキでもパンダでもない、ゴキブリかネズミみたいなあなたや私がこの本を理解できなくても、べつだん腐る必要はないってことです。

（二〇〇四年三月、文芸評論家）

この作品は二〇〇一年二月日本経済新聞社より刊行された。

働《はたら》くことがイヤな人《ひと》のための本《ほん》

新潮文庫　な - 33 - 3

平成十六年五月一日発行

著者　中《なか》島《じま》義《よし》道《みち》

発行者　佐藤隆信

発行所　株式会社　新潮社

郵便番号　一六二—八七一一
東京都新宿区矢来町七一
電話　編集部(〇三)三二六六—五四四〇
　　　読者係(〇三)三二六六—五一一一
http://www.shinchosha.co.jp

価格はカバーに表示してあります。

乱丁・落丁本は、ご面倒ですが小社読者係宛ご送付ください。送料小社負担にてお取替えいたします。

印刷・二光印刷株式会社　製本・株式会社植木製本所

ISBN4-10-146723-4 C0195